9割捨てて10倍伝わる「要約力」

YOUYAKU RYOKU

最短・最速のコミュニケーションで
成果は最大化する

山口拓朗
Takuro Yamaguchi

日本実業出版社

「要約力」とは一体何ぞや？

そう聞かれたら、答えはこうです。

死んでもこれだけは言っておく！ を見つけること。

「これだけは言っておく！」でもいいのですが、そこに覚悟を植えつけるために、あえて「死んでも」と添えました。

本書35ページより

はじめに

「要約力」の高い人と低い人の決定的な違い

人に何かを伝えるとき、何でもかんでも話せばいいというわけではありません。
それどころか、あれこれ話すほど「かえって伝わらなくなる」ケースがほとんどです。
たとえば、部下が上司に仕事の報告・相談をするとします。

伝え方❶

今日は、先日のイベントのお礼をと思って、いくつか会社を回ってきたのですが、A社にうかがったときに、たまたま前田さんがいらっしゃって……。

雑談ついでにわが社の「ウマインダー」の話になりました。それで、何とか、かかわることはできないかと前田さんがおっしゃっていまして、あのー、もともとウェブ回りが強いですし……その件で一度お時間いただけますか。

伝え方❷

A社の前田さんがわが社の「ウマインダー」の販売のお手伝いをしたいとのことです。販売サイトの制作に加え、ウェブメディアでのプロモーションも展開してくれるそうです。一度前田さんを交えて、お打ち合わせの機会をいただくことはできますか？

どちらの報告・相談がわかりやすいか？　言うまでもないでしょう。
なぜ「伝え方❶」はわかりにくく、「伝え方❷」がわかりやすいのか？
それは「要約力」の違いです。

もうひとつ例を挙げましょう。

あなたが、最近観た映画の内容を友人に伝えるとします。

そこそこ頭のいい主人公が登場して、あっ、見た目はイケメンでして、その主人公というのがケンイチという名前なんですけど、そりゃ、けっこうがんばって仕事で成果を出していたんですよ。そうだ、その職場というのが、何というかまあブラックなところで、上司のパワハラもけっこうひどいんですけど、それより何より、このケンイチというのが、まあノリだけで突き進むヤツでして……（延々と続く）。

このように、時系列順にダラダラとストーリーを語っても、友人は興味を持てないでしょう。ムダやムラが多く、話がどう展開していくかもわからないからです。

一方で、以下のような伝え方ならどうでしょう。

不条理なリストラにあった主人公が、一発逆転、話術ひとつでYouTuberとして成功していく感動ストーリーなんです。

おそらく友人は「へえ、おもしろそうだね！」と興味を持つのではないでしょうか。

なぜ前者はわかりにくく、興味を持たれにくいのか？
一方の後者は、なぜわかりやすく、興味を持たれやすいのか？
これも「要約力」の違いです。

「要約力」とは、情報のポイントをつかみ、場面に応じて、簡潔かつ論理的にアウトプットする能力のことです。

約2時間の映画から人が受け取る情報量は膨大です。ポイントを整理せず、あれこれ語ろうとすれば、十中八九、相手に煙たがられるでしょう。

一方、膨大な情報の中から、とりわけ輝くポイントを拾い上げて差し出すことができる人は、相手に喜ばれます。

前者が「要約力が低い人」で、後者が「要約力が高い人」です。

要約力が高い人たちには、ある共通点があります。それは、人に何かを伝えるときに**「情報の9割を捨てている」**ということ。

彼ら彼女らは〈これさえ伝えれば理解してもらえる〉と確信しています。だから、情報の9割を捨てることができるのです。伝え手から発せられるその自信は、情報を受け取る側に大きな安心感をもたらします。

何でもかんでも話したがる人は「要約ベタ」の典型です。

たくさん伝えなければ、相手に理解してもらえないと思い込んでいるか、情報を適切に処理・整理できていないか、そのどちらかです。

「たくさん伝えなければ、相手に理解してもらえない」という思い込みの裏には、その人自身が〈重要なポイントを理解していない〉という「自信のなさ」が隠れ潜んでいるケースが少なくありません。その「自信のなさ」を埋めようと、必死に言葉を重ねてしまうのです。

一方、情報を適切に処理・整理できていないパターンの原因は、ほとんどの場合、要約プロセスの機能不全にあります。どちらの問題も、本書の考え方とノウハウを適用することによって改善されるはずです。

ちなみに、2時間の映画を観たにもかかわらず、話すことが何ひとつ頭に浮かばないという人は、別の意味で重症です。有り体に言えば「インプット力の欠如」です。**要約力を鍛えるためには、インプット（情報収集）にも力を入れなければいけません。**

「要約力」が強化されていくと、仕事の効率と生産性が高まります。

なぜなら、要約力は、自分の意見を伝えるとき、企画の立案や提案を行なうとき、取引先にプレゼンをするとき、議論や交渉をするとき、お客様に営業をするとき、人を説得するとき——つまり、あらゆるビジネスシーンで求められる能力だからです。

もちろん、相手のことを理解したり共感したりするコミュニケーションにおいても、「要約力」が果たす役割は小さくありません。

相手の情報（考え、気持ち、価値観、性格など）を見極めながら、そのつど適切な言葉を届けていく。その行為自体が要約のプロセスそのものだからです。

本書では、要約のプロセスを以下の3つのステップに分けてお伝えします。

❶情報収集（必要十分な情報を集める）➡第2章で解説します。
❷情報整理（情報をグループ分けする）➡第3章で解説します。
❸情報伝達（相手に簡潔に伝える）➡第4章で解説します。

これらの各ステップを強化することで、「要約力」がみるみる鍛えられていきます。

インタビュー記事の執筆で学んだ本当の「要約力」

わたしはこれまで25年以上、雑誌やウェブメディアのライターとして、芸能人からスポーツ選手、経営者、ビジネスパーソン、主婦、学生まで、3300人以上にインタビュー・取材をしてきました。

取材対象者から得た情報を記事にまとめる一連のプロセスをひと言で表すなら、まさしく「要約」です。

取材で得た情報を取捨選択しながら、読者が求める内容へと整理・編集して届ける。この一連の要約作業がうまくいけば、読者に支持されますが、うまくいかなければ、読者の支持は得られません。

もちろん、読者の支持を得られない記事を書き続ければ、ライターとしては「お払い箱リスト」に入ることになります。

そうしたシビアな世界の中で、必死に「要約力」を強化してきました。

何が言いたいかというと、「要約力」とつく偉そうなタイトルの書籍を書いている筆者とて、生まれつき要約が得意だったわけではない、ということです。

さまざまな記事を書きながら（インプットとアウトプットをくり返しながら）、少しずつ体得してきた後天的なスキルにすぎません。

「要約力」は、天賦《てんぷ》の才ではなく、「要約の基本習慣×習慣化」によって磨かれていくものなのです。

本書では、その「要約の基本」をお伝えしていきます。

要約力が高まることで得られる副産物

要約力が低い人の脳というのは、データが整理されていないパソコンのハードディスクのような状態です。データはあっても……どこにあるのか探し出すことができません。

一方、要約力の高い人の脳は、きちんとデータがフォルダに分けられているパソコンのハードディスクのような状態です。したがって、一つひとつの情報にアクセスしやすい。この脳であれば、臨機応変に必要な情報を取り出すことができます。

情報が整理されていると、情報同士の「違い」や「共通点」にも気づきやすくなります。つまり、情報の分析や検証がはかどります。

また、要約された情報同士を組み合わせることで、新たな情報（アイデア）が生まれることも少なくありません。

情報の「出し入れ」や「組み合わせ」がしやすい脳を作っておくと、自分の意見も作りやすくなります。

「伝え方」で人生にパラダイムシフトを起こそう

あなたが、仕事ができる人になり、人生を変えたいと思うなら、今この瞬間から「要約力」を鍛えていきましょう。

「要約力」を鍛えるメリットは、ビジネスパーソンとしての能力アップにとどまりません。

プライベートにおける人間関係の構築や、SNSでの投稿&コミュニケーション、自身の夢の実現、日常で直面する大小さまざまな選択まで、あなたの人生全般に大きな影響を与えます。

現に、今のあなたの人生は、これまであなたが受け取ってきた「すべての情報」を要約してきた結果にほかなりません。

どこの学校に行くか、どういう仕事に就くか、どこに住むか、誰とつき合うか、誰と結婚するか、何にお金を使うか、何に時間を使うか、どういう価値観を大事にするか――。

それら一つひとつが要約であり、その集大成こそが、あなたの人生なのです。

もちろん、この本を手にしたことを含め。

現代社会は超情報化社会です。ボーッとしていると、襲いかかる情報の渦にのみ込まれて、あっという間に頭の中が汚部屋化してしまいます。

要約する必要性は、時代とともにますます高まってきていると言えるでしょう。

さあ、「要約力」をインストールする準備はできましたか?

ご安心ください。この本自体が、いっさいのノイズを排して、読者であるあなたのために必要な情報を、必要な順番に並べています。

迷子にならないよう、最終ページまでご案内します。

山口拓朗

9割捨てて10倍伝わる「要約力」 目次

第1章

究極の要約は「死んでもこれだけは言っておく」

1

「要約」ができれば人生が変わる

2 「要約」の3つのステップ

3

「要約力」のキモは「誰に」「何を」「どう」伝えるか

第2章

ステップ❶ 情報収集 ―― 必要十分な情報を集める

1 「いい要約」をするためのコツ

2 「質問」で情報の質を高める

3 自分を客観視して情報の「思い込み」をなくす

4 要約の精度を高める正確な情報収集法

第3章

ステップ❷ 情報整理 —— 情報をグループ分けする

1 「グループ分け」で効率的に情報整理する

2 情報に「優先順位」をつける

第4章 ステップ❸ 情報伝達 ―― 相手に簡潔に伝える

2 「ひと言」で伝わる具体的なスキル

3 具体性を増すキーワードがあると、より伝わる

4 さらに伝わりやすくなるテクニックと練習法

おわりに

カバーデザイン　井上新八
本文デザイン　浅井寛子
校正協力　モル（山口桃果）

第1章

究極の要約は「死んでもこれだけは言っておく」

1

「要約」ができれば人生が変わる

ダラダラ話をする人は、相手の時間（命）を奪う人

本書でお伝えする「要約力」の最終形態は的確なアウトプットです。

主なアウトプットである「話す」「書く」「動く」の中でも、ここではとりわけビジネスシーンで多用される「話す」に絞って話を進めます。

ダラダラと要点を得ない話をする――ビジネスシーンでは最も避けたい行為のひとつです。

なぜ、ダラダラと話すのがいけないのか？　それは「相手の時間を奪ってしまう」

からです。

時間は、すべての人にとって等しく「価値」があるものです。「時間」とは、わたしたちの「人生そのもの」、つまり、「命」と言い換えることもできます。

デキるビジネスパーソンほど、話をするときに相手の時間を奪わないよう、細心の注意を払っています。

また、**つかみどころのない話をダラダラと10分する人（＝要約力が低い人）よりも、要点が明確な話をテキパキと5分で終わらせる人（＝要約力が高い人）のほうが、相手に好印象を与えることができます。**

それが営業やプレゼンだった場合、結果が出やすいのは、もちろん後者のほうです。

さらに、多くのビジネスパーソンに共通する課題——「時間効率が上がらないこと」と「生産性が上がらないこと」——の解決策としても「要約力の強化」が有効です。

なぜなら、「時間効率」と「生産性」を高めるためには、アウトプットするときの「情報密度」を高める必要があるからです。つまり、話や文章の内容を濃くする、ということ。内容を濃くするための最善の方法が「要約力の強化」なのです。

そもそも「要約力の強化」には「情報密度を高める」というエッセンスが多分に含まれています。

「要約力」が伸びていくほどに、あなたの話や文章の「情報密度」は、おのずと高まっていきます。

その結果、あなたが望む「成果」や「報酬」が手に入りやすくなります。

スピード社会で「要約」は必須のスキル

「要約力」を鍛えることによって、得られる副次的なメリットがあります。

そのひとつが、めまぐるしく変化する「社会の動き」についていけることです。

仕事の流れも、市場やトレンドの移り変わりも、10年前と比べて劇的にスピードアップしています。

価値観や常識、働き方や生き方ですら、すさまじいスピードで変化しています。

ビジネスシーンでも、意思決定や業務遂行のスピードが速まると同時に、業務時間や会議時間は時短傾向が強まっています。

つまり、**情報を的確かつスピーディに要約するスキルの重要性が高まってきている**のです。

たとえば会議で、要約力が高い人は、会議出席者それぞれの発言（＝情報）の要点を、てきぱきと把握し、そのうえで、自分自身の発言内容を熟成させることができます。

会議中の要約がうまくいけば、当然、判断や決断のスピードがアップし、効果的な問題解決策やアイデアを提案できる可能性が高まります。

一方で、参加者の発言を要約する力がない人は、問題解決策やアイデアの提案はおろか、議論についていけないこともあります。本人にとっても、これはつらい状態です。

また、対人コミュニケーションにおいては、その人の考えや意見、要望などに加え、その人の性格や感情面の情報なども、その場で瞬時にまとめていく必要があります。

「要約力」が高い人ほど「相手の情報」を適切に要約し、交渉や折衝を有利に運んでいきます。

それはメールやチャット機能を使った高速志向の文字コミュニケーションでも同様です。すばやく的確に情報をまとめ続けることで、意思疎通や業務遂行の効率が高まります。

リモートでのやりとりが増えた今、文字情報の処理能力は高いに越したことがありません。

あるいは、パソコンやスマホを使ってインターネット上の情報にアクセスし、それらの要点をインプットするときにも、スピーディな要約力が求められます。

必要な情報を得るまでのスピードが3分の人と10分の人とでは、当然、仕事の進捗と成果に大差がつきます。

どんな分野であれ、「仕事をする＝要約の連続」です。

「要約力」を強化することは、スピード社会に適応するための最善策と心得ておきましょう。

「仕事がデキない人」というレッテルを貼られるリスク

まとまりなくダラダラと話をする人は、上司、部下、取引先、お客様など、周囲から信頼を寄せてもらえません。

その理由は「時間を奪う人だから」だけではありません。「まとまりがない＝要約できていない（＝物事を理解・整理できていない）」と判断されてしまうからです。

もう少し厳しい言い方をするなら、「仕事がデキない人」と思われてしまう、ということ。残念ながら、ちょっとやそっとのことでは、この印象をひっくり返すことはできません。

「印象」は「レッテル」と言い換えてもいいでしょう。

怖いのは、一度このレッテルを貼られてしまうと、「この人とは仕事をしたくない」「この人には情報を伝えても仕方ない」「この人には相談できない」「この人とはつき合わないほうがいい」など、相手から距離を置かれやすくなることです。

一方、「要約力」が高く、簡潔にしてわかりやすい伝え方ができる人には、仕事や人や情報がどんどん集まります。

〈目端《めはし》が利く人〉と見られるため、「仕事を任せたい」「この人に相談したい」「この人にお願いしたい」という人が次々にやって来ます。

企業であれば、そんな人材を「離したくない」「上に引き上げたい」と思うのは当然のことでしょう。

あなたが情報を受け取る立場だった場合、「とっ散らかっている情報」と「よくまとまっている情報」のどちらがうれしいですか？　答えは言わずもがなでしょう。

「とっ散らかっている情報」を適切に処理するためには、時間、労力、お金などのコストが発生します。こうした情報を受け取ることは、ときにリスクであり、ときに損失です。

一方、受け取った情報がよくまとまっていれば、情報の処理にコストがかからず、その先の仕事もスムーズに運びやすくなります。

その情報をさらに別の誰かに伝えるときの手間も省けます（再要約の必要が少ない

ため）。

このように、相手に「よくまとまっている情報」をわたせる人は、相手の仕事の負担を減らす（＝効率を高める）役割も担っているのです。

頭でパッと要約し、口でサッと話す

「要約力」が高い人は、情報を的確に把握できており、そのつど「何を」「どの程度」「どの順番」で話せばいいかがわかっています。

話が脱線することは珍しく、仮に脱線しても、絶妙なタイミングで、きちんと話を元に戻すことができます。

即興のコミュニケーションにおいても、「要約力」が高い人と低い人では、その言葉のやりとりに明確な差が生じます。

「要約力」が低い人は、情報が整理できていないため、言葉が出てこなかったり、とりあえず頭に浮かんだことが口をついたりします。

話しながら情報が整理されていく人はまだいいのですが、話せば話すほど、自分が何を言っているのかわからなくなってしまう人もいます。

その結果、相手をげんなりさせたり、失望させたり、怒らせたりしてしまう人も。

「要約力が低い」というのは、ビジネスパーソンとして極めて不利な状態なのです。

一方、要約力の高い人は、急に話をふられたときでも、沈着冷静に対応し、最適なアウトプットを実行することができます。

話すまでのほんの数秒の間に、頭の中でパっと要約をすませることができるからです。

即興のコミュニケーションはもちろん、アドリブが求められるやりとりも苦にしません。

あなたの周りにも、いるのではないでしょうか。どんな質問をしても、瞬時に的確な答えをパっと言える人が。あるいは、その場にふさわしい情報をサッと提供できる人が。その人は「要約力」が高い人です。

ご安心ください。頭でパっと要約し、口でサッと話す。本書で指南するノウハウを実践することによって、あなたも、そのレベルにたどり着くことができます。

究極の要約とは「死んでもこれだけは言っておく！」

「要約力」とは一体何ぞや？

そう聞かれたら、わたしの答えはこうです。

死んでもこれだけは言っておく！を見つけること。

「これだけは言っておく！」でもいいのですが、そこに覚悟を植えつけるために、あえて「死んでも」と添えました。

今、この瞬間、この相手に、死んでもこれだけは言っておきたいことは何なのか？　そのことについて徹底して考え抜くことが要約です。

本書は、この「死んでもこれだけは言っておく！」を導き出すプロセスを解説する本であると同時に、「死んでもこれだけは言っておく！」へのコミットメント力を高めてもらう本、とも言えます。

たとえば、あなたは次の質問にどう答えますか？

質問：あなたはどういう人間ですか？

おそらく、あなたの頭はいま高速で回転しているのではないでしょうか？　自分はどういう人間だろうか？　と。

伝え方❶

えっと、自分は明るくて、それから、楽しいことが大好きで……仕事も、天職というわけではないかもしれないけど、営業の仕事を一生懸命にやって……たいした趣味はないけど、お酒を飲むことはまあまあ好きで……家族のことも大切にしています。好奇心も人よりあると思うけど、あ、そうそう、歴史だけはとても好きで、とくに戦国時代の武将から人生に大事なことを学んできたかも……。

あなたが、こんなふうに頭に浮かんだことを、そのまま言葉にするタイプだとしたら、相手に興味を持ってもらうことは難しいでしょう。

ムダな情報が多く、まとまりにも欠けているためです。「要約力」が低い状態です。

一方で、「要約力」が高い人は、以下のように話をすることができます。

伝え方❷

目標達成型の人間です。仕事だけでなく、趣味や恋愛、ダイエットなどでも、目標を立てて、コツコツと取り組むことが大好きです。

頭に入りやすく、「どういう人間か」も理解しやすい伝え方です。
「伝え方❶」になくて、「伝え方❷」にあるもの。
それが〈死んでもこれだけは言っておく！〉の意識なのです。

「あなたはどういう人間ですか？」という質問に対して、「伝え方❷」は、数ある自分の特徴（情報）を把握したうえで「グループに分ける⬇優先順位をつける⬇〈死んでもこれだけは言っておく！〉を決める」という手順を踏み、「目標達成型の人間です」と結論づけています。
「伝え方❶」の半分に満たない言葉数ながら、印象の強さは、「伝え方❶」の比ではありません。

ちなみに、2文目の「仕事だけでなく、趣味や恋愛、ダイエットなどでも、目標を立てて、コツコツと取り組むことが大好きです」は、「目標達成型の人間です」の言い換え（具体化）にすぎません。

ムダな話や余計な話は、相手にとってノイズ（雑音）です。〈死んでもこれだけは言っ

ておく！〉の内容が明確になっていればいるほど、具体化するときにノイズが紛れ込む余地がなくなります。その結果、言葉を受け取る相手の理解度が高まるのです。

究極の要約力とは、〈死んでもこれだけは言っておく！〉である――そう肝に銘じておきましょう。

2

「要約」の3つのステップ

要約は「❶情報収集➡❷情報整理➡❸情報伝達」の3ステップで

要約のプロセスがうまくいったかどうか。その成果は、最終ステップである「相手に伝える（情報伝達）」に表れます。

どんなシチュエーションでも、相手にうまく伝えることができ、その結果、伝え手自身の目的を達成することができる人は、要約力の高い人と言えます。

一方で、この「相手に伝える」の質を高めるためには、「伝える」ことだけで何とかしようとしても、うまくいきません。なぜなら、「相手に伝える」は、要約のプロ

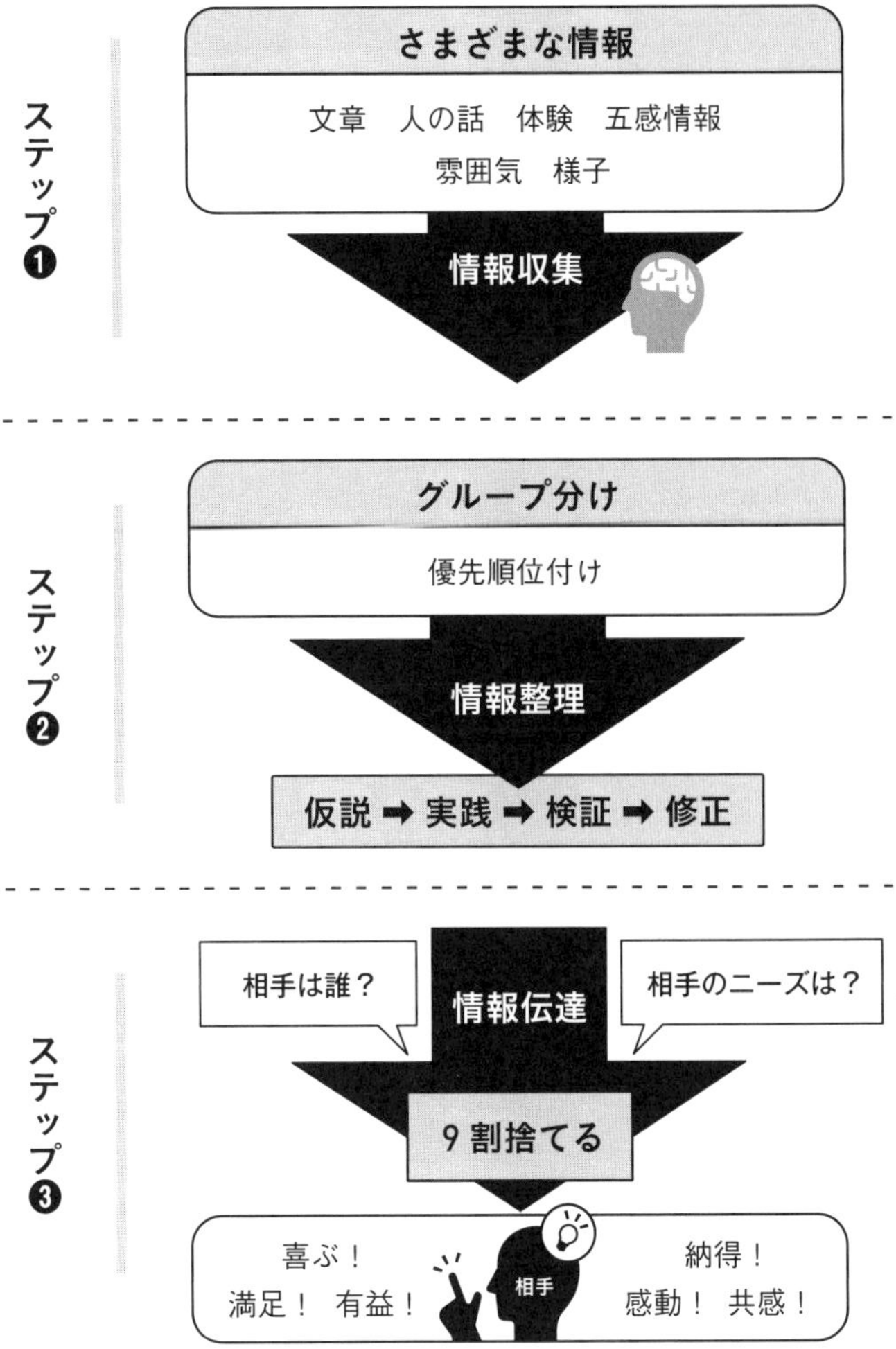
ステップ❶
さまざまな情報
文章　人の話　体験　五感情報
雰囲気　様子
情報収集
ステップ❷
グループ分け
優先順位付け
情報整理
仮説 ➡ 実践 ➡ 検証 ➡ 修正
ステップ❸
相手は誰？
情報伝達
相手のニーズは？
9割捨てる
喜ぶ！
満足！　有益！
相手
納得！
感動！　共感！

セスの一部にすぎないからです。

・必要十分な情報を集める　――ステップ❶情報収集
・情報をグループ分けする　――ステップ❷情報整理
・簡潔に相手に伝える　――ステップ❸情報伝達

これから紹介する「要約力」は3つのステップに分かれています。この3つに優劣はありません。すべてのプロセスが重要です。

必要十分な情報を集める ――ステップ❶情報収集

ひとつ目のステップは「情報収集」です。
ひと言で情報と言っても、さまざまな種類があります。以下はその一部です。

・人から聞いた話（雑談含む）

・会議や打ち合わせで耳にしたこと
・現場で体験したこと
・五感を使って感じたこと
・研修やセミナーなどで勉強したこと
・書類や文書、データ、メールなどの情報
・新聞や書籍、雑誌などのメディア情報
・ウェブサイトやＳＮＳ上の情報

なお、さまざまな情報が着火剤となり自分の中で生み出された「考え」や「意見」も情報のひとつです。同じく、情報をもとに立てた「予測」や「仮説」なども情報です。

「要約」と「料理」は似ています。「食材（＝情報）」がなければ「料理（＝要約）」はできません。アウトプットしようにも、自分の中に情報がなければ、それを叶えることはできません。

もっとも、見聞きした情報や感じたこと、考えたことのすべてを「大事な情報」として扱おうとすれば、あっという間に脳がパンクしてしまうでしょう。

やみくもに情報を溜め込むことは、むしろリスクになります。

その点、「要約力」が高い人は、早い段階から情報処理を効率よく進めていきます。情報の要不要を手際よく見極めながら、インプットする情報を巧みにコントロールしているのです。

⬇「情報収集」については、第2章で詳しく解説します。

情報をグループ分けする ―― ステップ❷ 情報整理

ふたつ目のステップは「情報整理」です。

情報収集を終えたとき、その情報はあなたの脳に収納されます。この収納時に、「要約力」の高い人と低い人の差がはっきりします。

「要約力」の低い人の脳は、外から部屋に持ち帰った不要なものを捨てずにいる人と同じです。しかも、整理整頓という概念がありません。

当然、床や机や棚はどんどんモノであふれていき、汚部屋と化します。この汚部屋では、ひとつのモノを探すのもひと苦労。時間とエネルギーをとられてしまいます。「探したけど見つからなかった……」というケースも少なくありません。

一方、「要約力」の高い人の脳は、整然と片づけられた部屋と同じです。

部屋に持ち帰ったもの（情報）を、無造作に床や机に放り投げるようなことはしません。要不要を手際よく判断したうえで、不要なものはゴミ箱に捨て、必要なものはグループ分けして収納します。

この収納時に、優先順位もつけておきます。アウトプットする確率が高いものは手前に置き、低いものは奥に置くイメージです。こうしておくことで、必要に応じて効率よく情報を取り出すことができます。

この「情報整理」のステップで求められるのが以下の３つです。

・情報の要不要を見極める
・情報をグループ分けする
・情報に優先順位をつける

情報の要不要を見極めたうえで、情報をグループ分けし、なおかつ情報に優先順位をつける——これがふたつ目のステップ「情報整理」で行なうことです。

⬇「情報整理」については、第3章で詳しく解説します。

相手に簡潔に伝える ——ステップ❸ 情報伝達

3つ目のステップは「情報伝達」です。

これまでストック（貯蔵）してきた情報をフロー（流れ）へと変換する。これこそが「要約力」のクライマックスです。

どんなにすばらしい情報も、溜めておくだけでは無価値です。「話す」や「書く」という形で、他者や社会へと流し、誰かの役に立ったときに、はじめて価値が生まれるのです。

なお、「情報伝達」のステップで最も大事なことは、伝える情報の絞り込みです。

理想は、手元にある情報の９割を捨てること。アウトプットするときは、「何を伝えるか」を決めるだけでなく、「何を伝えないか」を決めることも大切なのです。

情報伝達がヘタな人ほど「何でもかんでも話をする」「順番を考えずに話をする」という症状に陥りがち。その結果、相手に負担をかけてしまいます。

「エレベーターピッチ」をご存知の人もいるでしょう。エレベーターに乗っているくらいの「ごく短い時間」で、相手に説明・プレゼンすることです。限られた時間ですので、１秒もムダにはできません。**このときに、「９割捨てる伝え方」ができる人は、最善の結果を出すことができます。**

仕事をしていれば、報告、会議、打ち合わせなど、わずか数十秒〜数分で「情報伝達」をしなければいけない機会はよくあります。

持ち時間の大小にかかわらず、そのつど「９割捨てる伝え方」ができる人が「要約力が高い人」です。

⬇

「情報伝達」については、第４章で詳しく解説します。

3

「要約力」のキモは「誰に」「何を」「どう」伝えるか

要約を伝える「相手」と「目的（ゴール）」を明確にする

「以下の文章を読み、筆者の言いたいことを100文字にまとめなさい」

このような設問に答えるのは、わたしたちが学生時代にやってきた要約です。この手の要約が、情報の要点をつかむトレーニングとして有効であることはたしかでしょう。

しかし、こうした要約スキルが社会でそのまま役に立つかというと、答えは「ノー」です。なぜなら、「情報の要点をつかむ」は、社会人に求められる要約の一部にすぎないからです。**社会人に求められる要約は、伝える目的や状況に応じて、そのつど変化するものです。**

目的とは「ゴール」のことです。ビジネスシーンでのゴールとは、多くの場合「理想の結果」を手にすることです。企画を提案する場面なら、その理想の結果は「企画を採用してもらうこと」でしょう。好き勝手に企画書を書いてプレゼンを行なっても、その企画が採用されなければ、そこに費やした時間や労力がムダになってしまいます。もちろん、会社の利益にもなりません。

大事なのは「企画を採用してもらう」という目的を達成するために、手持ちの情報をどう要約していくか――について、思考を巡らせることです。

幸いなことに、わたしたちの脳には、高性能なナビゲーションシステムが備わっています。目的地（ゴール）を設定すると、脳が高速で回転しはじめるのです。

・企画を採用してもらうためには、どんなタイミングで話せばいいだろうか？
・どんなふうに伝えればいいだろうか？
・どんなメリットを提示すればいいだろうか？

あれこれ考えることで、要約のプロセスにも工夫が生まれます。

賢い脳は、目的地へ行くために必要な情報を手際よく「収集➡整理」し、ときには〈必要な行動を促す〉という形で、目的地をセットした人のお尻を叩きます。

ことビジネスシーンでは、「目的のない要約＝絵に描いた餅」です。要約をするときには、その目的を明確化することからはじめましょう。

「伝える相手は誰？」と考える

要約して伝えるときには「伝える相手」を明確にすることが肝心です。

たとえば、あなたが自己紹介をするとき、その相手は誰でしょうか？　同じ部署に配属された新人なのか、転職した先の上司なのか、取引先の担当者なのか、草サッカーチームに新加入したメンバーなのか、引っ越してきたご近所さんなのか――伝える相手によって、当然、要約すべき情報は変化します。

わたしが講演を行なうときは、まず「聴講者がどういう属性の人なのか」を見定めます。特定の企業の社員なのか、ある団体や組織のメンバーなのか、一般公募で集まった人たちなのか、あるいは学生なのか、子どもたちなのか——。

聴講者の属性や傾向に応じて、話す内容や話し方、言葉の選び方を変えるほうが伝わりやすいからです。聴講者の属性や傾向を無視すれば、まったく理解できない話や興味を持てない話になりかねません。それでは「聴講者に満足してもらう」という目的は達成できません。

仮に、あなたが住宅メーカーの営業マンだったとします。マーケティングやセールスの能力もまた「要約力」の一部です。

「要約力」が高い人は、自社商品のチラシを作るときに、「このチラシをいちばん届けたい人（＝ターゲット）は誰か？」について熟考します。

なぜなら、競合多数＆情報過多な時代の中で、不特定多数に興味を持ってもらうことは至難の業だからです。

❶老後に安心して暮らせる住宅を求めている50代の夫婦

❷親の介護を見越して二世帯住宅を検討している40代の夫婦
❸都会的なセンスあふれる仕様（デザイン性）を求める共働き・子どもなしの30代夫婦
❹シックハウスが気になる、５歳以下の子どもがいる20代夫婦

❶～❹はそれぞれ「伝える相手は誰？」、つまり、ターゲットを明確にした状態です。
これくらい具体的に「伝える相手」が見えていれば、要約の仕方にも工夫が生まれます。

以下は、それぞれのターゲットに向けて紡《つむ》いだ〈死んでもこれだけは言っておく！〉の例です。

❶ストレスフリーなシニアライフが楽しめるバリアフリー住宅です。
❷「気配」と「つながり」を大切にする二世帯住宅です。
❸アーバンライフが満喫できるデザイナーズ住宅です。
❹子どもたちの健康を第一に考えた自然素材の住宅です。

このように、**伝える相手を明確にすることで、〈死んでもこれだけは言っておく！〉が決めやすくなります。**

「刺さる言葉」や「響く言葉」というのは、伝える相手を明確にすることによって、生み出すことができるのです。

届ける相手のニーズを満たすと、驚くほど伝わる

届ける相手を明確にしたら、セットで考えなければいけないのが「その人のニーズは何だろう？」です。

しかし、漠然と「その人に必要なものは何だろう？」と考えても、正確なニーズはつかめません。頭で考えるニーズは、見当違いの「想像」や「妄想」であることも少なくありません。

ニーズを把握する最善の方法は「相手と話をすること」です。

相手が上司であれば、上司と話をする。相手がお客様であれば、お客様と話をする。雑談でも構いません。相手と話をする中で、以下のような項目の答えを引き出していきます。

・（その人が）知りたいこと
・（その人が）してもらうとうれしいこと
・（その人が）悩んでいること
・（その人が）困っていること
・（その人が）不安に感じていること
・（その人が）不満に感じていること
・（その人が）課題だと思っていること
・（その人が）手に入るといいな、と思っているもの
・（その人が）興味や関心を持っていること
・（その人が）楽しいと感じること
・（その人が）「やってみたい」と思っていること
・（その人が）達成したいと思っている目標や夢
・（その人が）お金を出してでもほしいと思っているもの

こうした情報が集まっていれば、その人のニーズが把握できている状態です。

ニーズの把握が苦手な人は、プライベートの会話でも、相手のニーズを満たす意識を持つようにしましょう。

仮に、あなたが海外旅行から帰ってきたとしましょう。帰国後、友人に土産話をするとします。

そのとき、あなたは海外旅行という情報を要約して伝える立場にいます。この際、相手のニーズを満たす要約ができれば、相手は大いに喜ぶでしょう。一方で、相手のニーズを満たすことができなければ、相手は興味や関心を失ってしまいます。

相手がグルメな人なら、食べ物の話をする。歴史好きなら、訪れた世界遺産の話をする。経済に興味のある人なら、物価の話や現地のビジネストレンドの話をする。飛行機のサービスに興味のある人なら、搭乗したエアラインについて語る——という具合に、相手のニーズを満たす要約アプローチができれば及第点です。

お酒を飲まない人に延々とワインの話をしたり、政治に興味のない人にその国の政治について話したりしても、「つまらない」「早く終わらないかな」と思われてしまう可能性が高いでしょう。

人のニーズは瞬間瞬間でも変化していきます。いつでも相手の「言葉」や「表情」「口調」「様子」を注意深く観察し、相手が〈いま求めているもの〉を察知しましょう。

相手に伝える情報の優先順位は、高いほうから以下の❶➡❸の順です。

❶相手のニーズを満たす情報
❷相手が喜びそうな情報
❸自分が伝えたい情報

要約力の低い人の多くが❸を優先してしまっています。だから「伝わらない」のです。

社会人に求められる要約は「一方向」ではなく「双方向」です。いつでも、あなたの話を受け取る相手への意識を疎かにしないようにしましょう。

伝えたときの「相手の理想の反応」を決める

人に何かを伝えるとき、「相手がどんな反応を示すか」ということに、あなたは興味を持っていますか？

もっと言えば、どんな反応をしてもらえたら最高ですか？

伝える目的を達成したいのであれば、相手の反応を「相手任せ」にしていてはいけません。相手の反応は、伝え手であるあなたが決めるのです。

たとえば、あなたが会議で、何かしらのアイデアを出すとします。そのとき「上司や同僚はどんな反応をするだろうか？」と考えていませんか？

だとしたら、あなたは伝えベタです。おそらく、好ましい反応をもらえないでしょう。高性能なナビ機能を備えた脳への指令が〝ぬるい〟からです。

会議でアイデアを出すとき、あなたにとって最高の反応はどういうものでしょうか？　おそらく、「おお、いいアイデアじゃないか。さっそくやってみよう！」というような反応ではないでしょうか。だとしたら、**〈この反応を必ずもらう！〉と、あなた自身が決めなければいけません。**

「相手の反応を決める＝具体的にイメージする」です。

エベレストに登頂した自分をイメージできない人が、エベレストに登頂できるでしょうか？

答えは「ノー」です。

エベレスト登頂を目指す登山家は、「登頂できたらいいなあ」というぬるい考えではなく、「必ず登頂する」という強い意志を持って、登頂した自分自身をリアルにイメージしているはずです。

具体的にイメージできることほど実現しやすい。このロジックは、今や脳科学的にも正しいとされています。それは、一流アスリートの多くがイメージトレーニングを取り入れていることにも明らかです。

あなたが片思いの相手に「つき合ってください」と告白するなら、「断られるのではないか……」と不安を抱きながら告白するのと、「相手が笑顔で『よろしくお願いします』と返事をしてくれる」という姿をリアルにイメージしながら告白するのとでは、結果は大きく異なるでしょう。

脳には自分をゴールへと導く高性能なナビが備わっています。

「相手からＯＫをもらう」という目的（ゴール）設定とともに、「相手にしてもらいたい理想の反応」をリアルにイメージする（＝決める）ことで、最良の結果が手に入りやすくなります。

要約する「量」を確認する

要約の最終ゴールは「伝わる」です。そのためにはアウトプットをしていく必要がありますが、ビジネスシーンでとりわけ多いアウトプットと言えば「話す」でしょう。話すときに考えなければいけないのが、自分に許されている（与えられている）「持ち時間」についてです。

・会議での発言時間は何分なのか？
・取引先との交渉時間は何分なのか？
・上司への報告時間は何分なのか？

自分に許されている時間によって要約の量を調整する必要があります。
１分程度の時間しか許されていないなら、〈死んでもこれだけは言っておく！〉に集中する必要があります。

一方、許された時間が5分、10分と長いときは、〈死んでもこれだけは言っておく！〉を伝えたのち、優先順位が高い順に「ほかの情報」を伝えていきます。

自分に許された時間を把握していないと、話が尻切れトンボになったり、不完全燃焼で終わったりすることもあります。

逆に、持ち時間を余してしまうのも、ビジネスパーソンとしてのスマートさに欠けます。「時間＝お金」です。時間をムダにすることは機会損失と心得ておきましょう。

なお、自分に許されている時間がはっきりしないときは、「いま2分ほどお電話大丈夫でしょうか？」「15分ほどお時間いただいてもよろしいですか？」など、相手に「もらえる時間」を確認するようにしましょう。

文章によるアウトプットも然りです。自分に許されている（与えられている）文字数（A４×１枚なのか、４００字なのかなど）をあらかじめ確認しておきましょう。

文字数が決められていないからといって、メールなどに長々と書きたいことを書いてしまうのはマナー違反です。ビジネスメールでは、必要な情報を満たしながらも簡潔にやりとりすることが求められるからです。

どうしても文量が多くなってしまうときは、断りを入れたうえで、別途打ち込んだテキストを添付するなど工夫をしましょう。

「言語情報」と「非言語情報」の要約

「以下の文章を読んで、要約しなさい」という設問に代表される、学校で学んだ要約は、言語情報の要約です。

社会人にも、もちろん言語情報の要約は求められます。人から聞いた話や、資料や書籍などから得た情報を要約できなければ、仕事上、大きなミスや問題を招きかねません。

一方で、ビジネスパーソンの要約には、「非言語情報」の要約も多分に求められます。「非言語情報」というのは言葉や文字以外の情報のことです。

現場で「見たもの」「聞いたもの」「感じたもの」「触れたもの」も、広い意味での「非言語情報」です。対人コミュニケーションを通じて得た感情面の情報なども「非言語情報」です（たとえば、相手が「怒っている」とか「喜んでいる」とか）。

「非言語情報」の要約ができなければ、アウトプットする際に、本質や真意を伝えることができません。

仮にあなたが、上司の指示によって、3週間前にオープンした自社直営の新店舗（レストラン）を視察したとします。

新店舗の店長が「オープンから売上は順調で、とくに問題はありません」と言ったとします。その言葉を鵜呑みにするなら、上司への視察報告は、以下のようになるでしょう。

言語情報のみの要約

オープンから売上は順調で、とくに問題はありませんでした。

しかし実際には、昼時にもかかわらず空席が目立つ、アルバイトスタッフの笑顔が少ない、厨房とフロアスタッフとの連携がちぐはぐ……といった非言語情報を、あな

た は目にしていました。

この場合、報告の仕方は、少し変わるのではないでしょうか。

非言語情報を含む要約

真田店長が言うには「売上は順調で、とくに問題はない」とのことでした。しかし、わたしが視察に訪れた日は、お昼時にもかかわらず、空席が目立っていました。売上順調というのは、オープン後に見られる一過性のものである可能性も否めません。

また、アルバイトスタッフに笑顔がなく、厨房とフロアの連携もぎくしゃくしている印象を受けました。とくに早急の改善が必要と感じたのが、笑顔のない接客です。もしかすると研修が十分に行なわれていないのかもしれません。本部から店長への指導が必要かと思います。

非言語情報を含めて要約することによって、報告のニュアンスがガラリと変わりました。

非言語情報を収集するときに求められるのが観察力です。対象が人の場合は、以下が観察のポイントです。

人の主な非言語情報（一部）

- 目　…………好意的な目／不服そうな目／敵意に満ちた目
- 表情…………喜びに満ちた表情／怒りに満ちた表情／明るい表情／暗い表情
- 声　…………大きい声／明るい声／はきはきとした声／小さい声／暗い声／もごもごした声
- ジェスチャー……ポジティブな印象を与えるジェスチャー／ネガティブな印象を与えるジェスチャー

店長と話したとき、どのような表情をしていたのでしょう？　「売上は順調で、とくに問題はありません」と言いながらも、もしや表情や声が沈んでいたのではないでしょうか。あるいは、表情や声が明るかったとしたら、直面している危機に気づいていないという可能性もあります。

「非言語情報」についても、言語情報と同じくらい、ていねいに「収集➡整理➡伝達」していきましょう。

第2章

ステップ❶ 情報収集

——必要十分な情報を集める

1

「いい要約」をするためのコツ

必要十分な情報を集めないと「いい要約」はできない

スポーツでもゲームでも旅行でも構いません。あなたが今打ち込んでいるものがあれば、それについて、1時間でも2時間でも平気で話すことができるのではないでしょうか。それは、あなたが情報を持っているからです。

一方で、急に「では、今からエチオピアの経済について話してください」と言われても、あなたは話すことができないでしょう。それは情報を持っていないからです

このように、話せることと話せないことの差は「情報量の差」であることがほとん

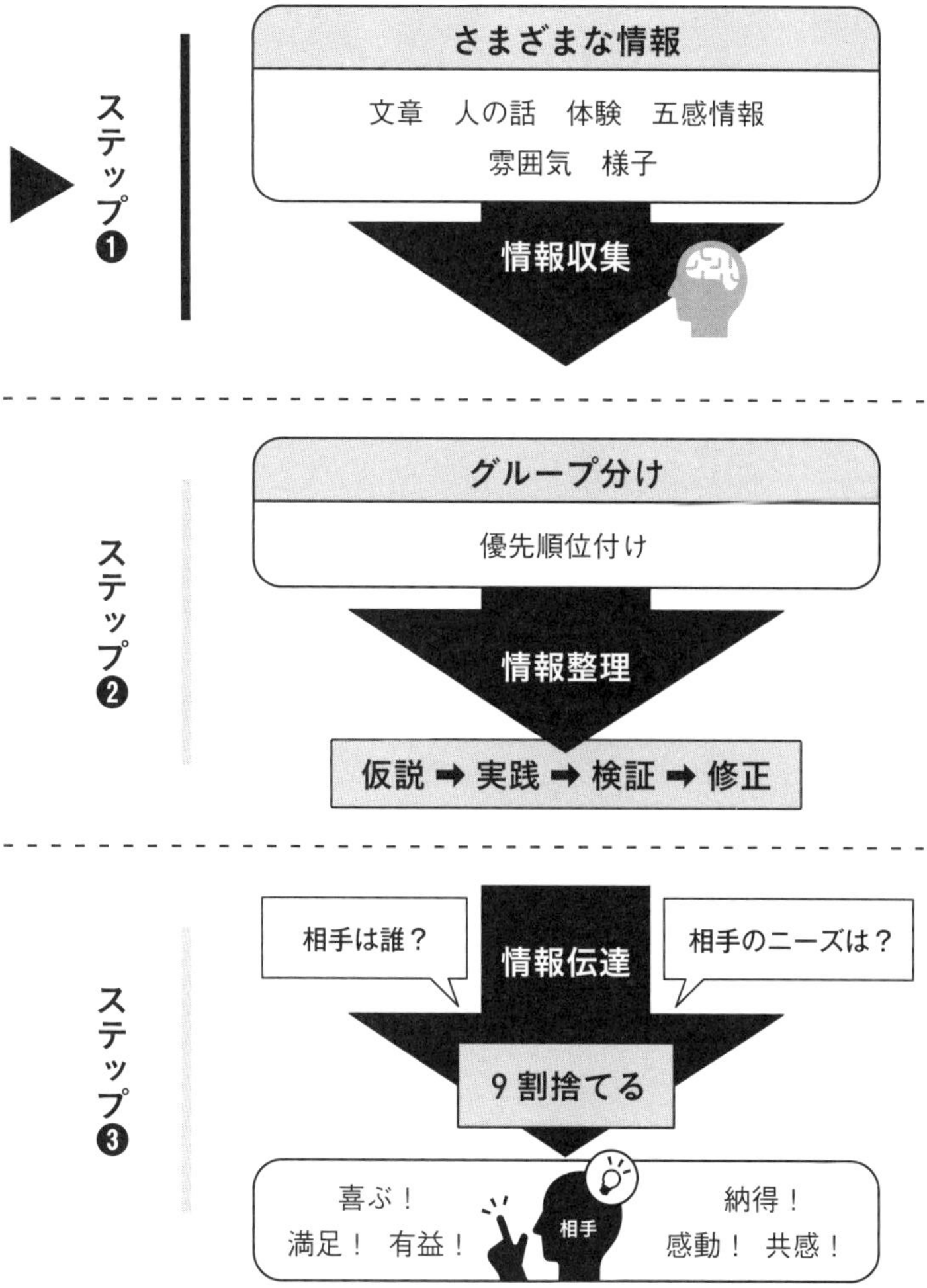
ステップ❶
さまざまな情報
文章　人の話　体験　五感情報
雰囲気　様子
情報収集
ステップ❷
グループ分け
優先順位付け
情報整理
仮説 ➡ 実践 ➡ 検証 ➡ 修正
ステップ❸
相手は誰？
情報伝達
相手のニーズは？
９割捨てる
喜ぶ！
満足！　有益！
相手
納得！
感動！　共感！

どです。人に何か話すときは、その大前提として情報を持っている必要があるのです。要約をして効果的に相手に伝えるためには、的確な情報収集が欠かせません。

信頼できるソースから集める

職種や専門性の違いはあれ、ビジネスパーソンの日常は、コミュニケーションの連続です。コミュニケーションでは、アウトプット（話す）と同時にインプット（聞く）も行なわれます。

上司、部下、同僚、取引先、お客様などとのコミュニケーションはすべて情報収集の場です。相手からどんな情報を仕入れるかによって、その後の要約の「質」が変化します。

もちろん、資料やカタログ、企画書、提案書、議事録、リサーチデータなどのテキストも貴重な情報ですし、新聞や雑誌、書籍、テレビ、インターネット、ＳＮＳなどからも、効率よく情報をインプットする必要があります。

また、その場で五感を使ってインプットする「感覚」や、自分の内側から生まれる

「考え」や「気持ち」も大事な情報です。

一方で、「情報は多いほうがいい」と盲信しすぎては危険です。なかには信憑性《しんぴょうせい》や信頼性に欠ける情報もあるからです。**大事なことは、信頼できるソース（情報源）の確保です。**

優秀な記者やジャーナリストのほとんどが、信頼できるソースやホットライン（直通回線）を持っています。同様に、優秀な経営者やビジネスパーソンの中にも、信頼できるソースを確保している人が少なくありません。

彼らにとって情報は「命」そのもの。だからこそ、ソースの選定には慎重を期しています。

優秀な経営者は「質の高い情報」を得ることによって、新しいビジネスモデルを構築する、新規事業を立ち上げる、良質な人材を採用＆育成する、危機管理体制を構築する、収益性を高める、最善の投資をする――そういった展開が可能になるのです。

一方で、質の低い情報をつかまされることは、企業やビジネスパーソンにとって致命傷になりかねません。誤った情報やガセネタを手にすることで、大きなミスやトラブルにつながることもあります。

信頼するに足るソース（情報源）を確保することは、仕事をスマートに進めていくうえでも、わが身を守るうえでも重要なのです。

脳内に「情報収集アンテナ」を張る方法

「いい要約」の第一歩とも言える情報収集ですが、その効率を高めるにはどうすればいいでしょうか？　おすすめしたいのが、脳内に「情報収集アンテナ」を張る方法です。

AさんとBさんがふたりで同じ道を歩いていたとします。Aさんはグルメ好き、Bさんはファッション好きです。

Aさんは、新しくできたカフェや行列のできているラーメン屋、グルメ雑誌に掲載されていた人気のイタリアンに目が行きます。ファッションには興味がなく、自分の服はもちろん、Bさんの服にも関心を寄せていません。

一方のBさんは、すれ違う人のファッションを逐一チェックしつつ、最近の流行や、それぞれの着こなしの良し悪しを分析しています。もちろん、ショーウインドーに飾られているマネキンは、Bさんにとって大好物です。

このように、同じ道を歩いていても、人はまったく別の世界を生きているのです。この差は脳内に張られている「情報収集アンテナ」の違いです。

この理由は、「RAS（ラス／脳幹網様体賦活系）」と呼ばれる脳機能で説明ができます。これは、簡単に言えば「眼の前の情報や出来事の中の、何を認識して、何を認識しないかを振り分けるフィルター」のことです。

先ほどのAさんがグルメ情報を認識して、Bさんがファッション情報を認識していたのもRASの影響と言えます。

もしも、あなたが情報収集ベタと自認しているなら、自分が集めておきたいテーマについて、脳内に「情報収集アンテナ」を張ればいいのです。

アンテナを張る方法は簡単。「脳に命令する」だけです。脳に命令をすると、脳は自動的に、そのテーマに関する情報を収集しはじめます。

要約するための情報収集の例を挙げてみましょう。仮に、あなたが会社で新規プロジェクト「屋上の緑化」に参加することになったなら、「屋上緑化に関する情報を収集して！」と脳に命令すればいいのです。

命令した瞬間から、あなたの脳は「屋上緑化」に関する情報を「認識➡収集」しはじめます。街を歩きながら屋上やテラス、ベランダの緑に気づいたり、緑化に力を入れている公園が目に飛び込んできたり、書店で表紙に「緑化」と書かれた本が目に入ったり、インターネット上の検索窓に「屋上緑化」と打ち込んでいたり――と、予期しないところからも、「屋上緑化」に関連する情報が舞い込んできます。

間違って「緑茶」の文字に反応してしまう――これもまた「情報収集アンテナ」の効力です。

次ページに「情報収集アンテナ」を張るための書き出し例を載せています。

箇条書きでも構いませんが、9マスを使うことで、より書き出しやすくなります（人間には「マス目を埋めたい」という本能があるためです）。

ビジネスシーンで、「情報収集アンテナ」を張るときは、できるだけ抜け落ちがないよう注意を払います。

たとえば、いくら「屋上緑化」の「効果」や「メリット」を語ることができても、「リ

「情報収集アンテナ」を張るための書き出し例

❶ 屋上緑化の効果やメリット	❷ 屋上緑化のシステム（種類）	❸ 屋上緑化に適した植物
❹ 屋上緑化の助成金制度について	新プロジェクト「屋上緑化」	❺ 屋上緑化に関する法律や条例
❻ 屋上緑化のリスクと注意点	❼ 屋上緑化にかかるコスト	❽ 屋上緑化の成功事例

スク」や「注意点」について語ることができなければ、話の説得力が弱まってしまいます。

あるいは、「屋上緑化」のシステムには詳しいけれど、「屋上緑化」に関する法律的な知識を持ち合わせていない……では話になりません。

❺「屋上緑化に関する法律や条例」や❻「屋上緑化のリスクと注意点」というアンテナを張っているのは、できるだけ穴のないアウトプットを行なうためです。

もちろん、９マスの「９」は便宜上の推奨にすぎません。地引網よろしく関連情報をゴソッとインプットしたいなら、より多くのマス目を使って書き出しましょう。

こうすることで、このプロジェクトを進めるうえで必要な情報を獲得しやすくなるほか、シチュエーションに応じて的確に「要約→アウトプット」ができるようになります。

2 「質問」で情報の質を高める

「自分に質問」をすることで情報の質が高まる

「いい要約」をするためには、情報の質を高めることが大切です。そのためには、受け身にならず、情報に対してアクティブに接する必要があります。

「アクティブに接する」ひとつの手段が「自分に質問をする」ことです。ここからは「いい要約」につなげるために必要な、情報の質の高め方を紹介します。

たとえば、あなたが、駅前にあるカレー屋さんに行列ができているのを目にしたとします。それだけを理由に「○○駅前にあるカレー屋さんは人気店です」と人に伝えてしまうのは安易な行動です。たまたま目にした状況（＝行列ができていた）からアウトプット情報（＝人気店と断定する）への飛躍が大きすぎるからです。**情報の真偽や価値を確かめる際に「自分に質問をする」方法が有効です。**以下は自分にする質問例です。

・そのお店には、毎日行列ができているの？（たまたまだったのでは？）
・時間がちょうどお昼時だったからでは？
・もしかしたら店内の座席数が少ないのでは？
・注文してからカレーを提供するまでの時間が長いお店なのでは？
・前日にメディアか何かで紹介されたのでは？

たった一度の目撃情報だけで、その店の人気ぶりを測ることはできません。疑問に感じたことや、不思議に思ったことを質問形式にして、それらの答えをていねいに導き出していく必要があります。

ちなみに、質問の多くは以下の「5W3H」でまかなえます。こうした質問を自分に（ときとして相手に）積極的にぶつけることで情報の質を高めていくことができます。

・Who（誰が／どんな人が）
・What（何を／どんなことを／どんなものを）
・When（いつ／どんなときに）
・Where（どこで／どこに／どこへ／どこから）
・Why（なぜ／どうして／何のために）
・How（どんなふうに／どうやって）
・How many（どのくらい）
・How much（いくら）

「Why」の質問をぶつけて、インプット情報の質を高める

なかでも、理由や原因、根拠、動機などを問う「Why（なぜ／どうして／何のた

めに)」は、情報の信憑性を高めるうえで有効です。

・なぜ、その方法が有効と言えるのか?
・そもそも、なぜ、そのプロジェクトが必要なのか?
・どうしてそんなミスが起きたのか?
・なぜ、A社は、この商品の開発に踏み切ったのか?
・何のためにこのミーティングを設けたのか?

「Why」の答えを手にすることは、「理由」や「根拠」「エビデンス」を手にすることです。それらがあることで、最終的なアウトプットの説得力が格段に高まります。

「How」の質問をぶつけて、インプット情報の質を高める

手段や方法論を導き出す「How(どんなふうに/どうやって)」も、ビジネスシーンでは重宝します。

・どのようなプロモーションを行なう？
・このプロジェクトをどんなふうに進めていく？
・どういう方法でお客様の満足度を測る？
・既存のサービスに、このシステムをどう組み合わせよう？
・30名の部下をどんなふうにマネージメントしていこう？

「Ｈｏｗ」で導き出した答えは、「今後」や「未来」の行動や展開、対策などにつながる情報になりえます。

「If」の質問をぶつけて、インプット情報の質を高める

「５Ｗ３Ｈ」以外にも、筆者が好んで使う質問が「Ｉｆ（もし）」です。

「もし」というのは、まだ現実になっていないことを仮に想定するときに使う言葉です。

・もしこのプランを実行に移すとしたらどれくらいのコストがかかる？
・もし売上が目標に届かなかった場合は、どのように修正する？
・もしこの仕事を受けた場合、どんなメリットが得られる？
・もし納期が遅れた場合の対応策はどうする？

このように、自分や相手に「Ｉｆ（もし）」を使った質問をぶつけることで、今後の行動指針や判断基準になり得る情報を、幅広く手にすることができます。あらゆる可能性に備えておくことは、ビジネス上のリスクヘッジとしても有効です。

また、「Ｉｆ（もし）」を使った質問は、自分自身への啓発的なツールとしても重宝します。以下はその一例です。

・もし自分がチーフの立場だったら、どう動くだろう？
・もし部長に○○と質問されたら、何と答えよう？
・もしこの仕事を先送りしたら、どうなるだろうか？

あらかじめ「もしもの世界（仮説）」への対応策を考えておくことで、「自分の考え」や「すべき行動」が明確になるほか、リスクマネジメント能力も高まります。

「Ｉｆ（もし）」が導き出す情報は、多くの場合、仮説を含む「少し先の未来」です。「少し先の未来」に先回りできる人が、ビジネスで結果を出しやすいのは当然のこと。突発的な問題やトラブルなどへの対応力に優れている人も、おそらく、ふだんから「Ｉｆ（もし）」を使って「少し先の未来」を見ている人ではないでしょうか。

あらゆるケースを想定して、事前に「Ｉｆ（もし）」でシミュレーションを終えておくことは、自分自身の「不安」や「迷い」を取り除くというメンタル面でのアドバンテージもあります。

ふたつの質問アプローチを使い分ける

誰かと会話をするときに、一方的に相手の話を聞くだけでは、表層的な情報や、一面的な情報しか得ることができません。より有益な情報を引き出すためには、自分から積極的に質問をしていく必要があります。

質問には大きく「クローズド・クエスチョン」と「オープン・クエスチョン」があります。

クローズド・クエスチョンとは、相手が「イエスかノーか」または「AかBか」という具合に、択一で答える形の質問です。相手の回答範囲を制限することで、話題を絞り込んだり、相手の意見や態度を明確にしたりすることができます。

一方、オープン・クエスチョンとは、回答範囲が制限されておらず、相手が自由に答えられる形の質問です。回答に制限を加えないことで、話題を広げたり、その人の意見やアイデアを引き出したりすることができます。

・企画Aと企画Bのどちらがいいと思いますか？【クローズド・クエスチョン】
・企画Aと企画B、それぞれにご意見をいただけますか？【オープン・クエスチョン】

クローズド・クエスチョンの場合、答え方は「企画A or 企画B」のどちらかです。

一方、オープン・クエスチョンの場合、企画Aと企画Bについて、それぞれ自由に意見を言うことができます。

「質問 ➡ 答え」で情報の質を高める

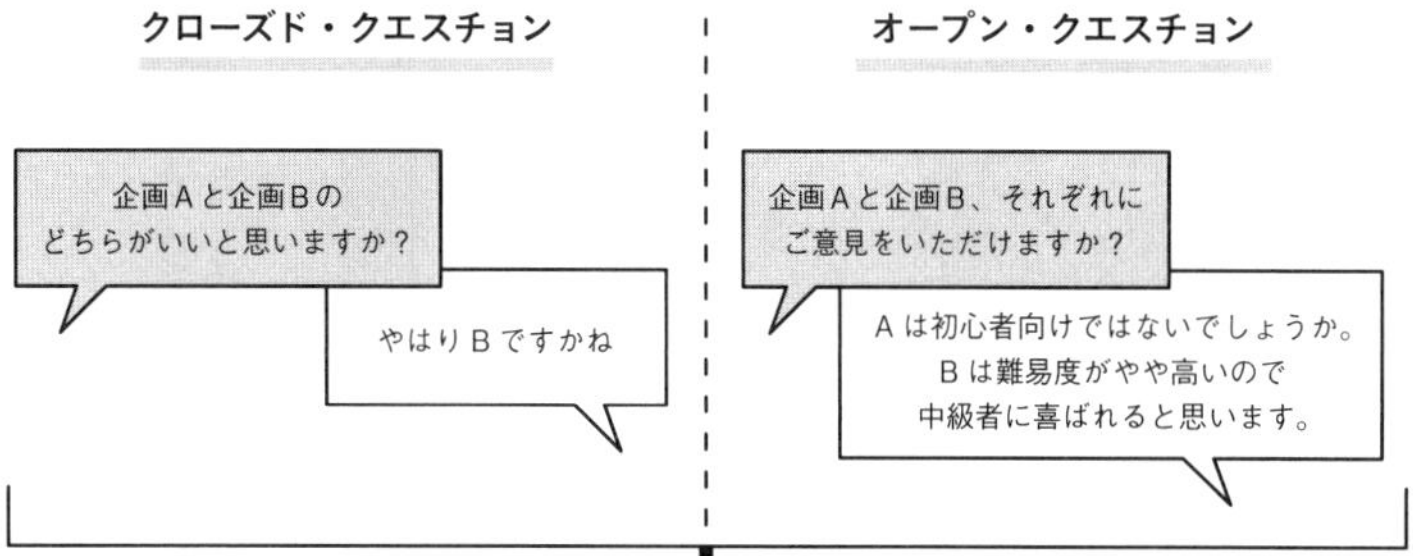
クローズド・クエスチョン
企画Ａと企画Ｂの
どちらがいいと思いますか？
やはりＢですかね
オープン・クエスチョン
企画Ａと企画Ｂ、それぞれに
ご意見をいただけますか？
Ａは初心者向けではないでしょうか。
Ｂは難易度がやや高いので
中級者に喜ばれると思います。

ふたつの質問を上手に組み合わせることで、
有益な情報を効率よく収集することができる

ふたつの質問アプローチは、どちらが「いい・悪い」ではありません。両者を上手に組み合わせることで、そのつど適切な情報を効率よく収集することができます。

どちらか一方の質問ばかりしてしまっている人は、情報収集に偏りが出ている恐れがあります。ふたつの質問のバランスを意識しましょう。

3

自分を客観視して情報の「思い込み」をなくす

情報収集するときに注意すべきは「認知バイアス」

人は誰でも「認知バイアス」を持っています。認知バイアスとは「思考の偏《かたよ》り」のことを指します。つまり、「思い込み」や「偏見」と言い換えてもいいでしょう。これは、「いい要約」の妨げとなる要因のひとつです。

認知バイアスが強すぎると、情報を正確に把握できなくなるので注意が必要です。

以下に、日常でありがちな、認知バイアスが発生する例を挙げてみます。

■認知バイアス例1
とあるレストラン。食べ物もおいしく、お店のホスピタリティもすばらしい。でも、たまたま食事中に1匹の小バエが飛んでいたことで「このお店はひどいお店だ」と決めつける。**※物事の一部だけで全体を評価してしまっている。**

■認知バイアス例2
口コミ評価が4・0以上だから「おもしろい映画」だと判断する。※**「口コミ評価=映画作品の善し悪し」とは限らない。**

■認知バイアス例3
A社が急成長しているときはA社のやり方を「全肯定」し、急下降しているときは「全否定」する。※**「結果の善し悪し=プロセスの善し悪し」とは限らない。**

■認知バイアス例4
「新聞に書かれていること=正しい」「Yahoo!ニュースのコメント欄=世論」と思い込む。**※どんなメディアも、ある一面、ある一部の情報を切り取っているにすぎない。**

■認知バイアス例5

ビシっとスーツを着こなしている人は仕事のできる人で、だらしない服装をしている人は仕事ができない人と決めつける。※**「見た目」と「仕事の能力」はイコールではない。**

■認知バイアス例6

ふだんなら高いと感じる物も、高級店の中では、安く見えてしまう。※**「絶対的基準」よりも「相対的基準」を優先している。**

このように、認知バイアスの例を挙げればキリがありません。

認知バイアスによる損失を防ぐ方法はふたつあります。

ひとつは、人間が、「認知バイアス」を持つ生き物であることに自覚的になることです。何か新しい情報に触れるときや、何かしらのジャッジを迫られたときに、一瞬立ち止まって「認知バイアスはかかっていないかな？」と考えることが重要です。「偏見」や「思い込み」を緩和することによって（あるいは、手放すことによって）、よりフラットな情報収集が行なえます。

「メタ認知力」を高めて「認知バイアス」を防ぐ

認知バイアスによる損失を防ぐ方法のもうひとつは、「メタ認知力」を高めることです。メタ認知力とは、自分の思考や行動を客観視する能力のことです。メタ認知力が「低い人」と「高い人」の特徴は以下のようになります。

メタ認知力が低い人

・客観的に物事を見れない
・視野が狭い
・目の前の問題に翻弄されやすい
・感情的な言動をとりやすい
・短期的なスパンでしか物事を考えられない

・コミュニケーション能力が低い（相手のことを考えずに話すなど）

メタ認知力が高い人
・客観的に物事を見れる
・視野が広い
・目の前の問題に翻弄されず、解決策などを打ち出せる
・理性的な言動をとりやすい
・長期的なスパンで物事を考えることができる
・コミュニケーション能力が高い（相手のことを考えて話すなど）

ビジネスシーンで活躍しやすいのは、もちろんメタ認知力が高い人のほうです。とはいえ、メタ認知力は一朝一夕に養えるものではありません。これは、以下のようなエクササイズによって感覚を身につけていくことができます。

・自分の思考と感情を書く（思考と感情を客観視する）

・自分に起きた出来事を書く（出来事を客観視する）
・「これは何のためにしているのだろう？」と目的について考える（自分の行動を客観視する）
・自分の言動について第三者からフィードバックをもらう（自分を客観視する）
・「相手はどう思ったか？」について考えて書く（相手の気持ちを客観視する）
・小説を読む／映画を観る（いろいろな人の考えや気持ちに触れる）

「認知バイアス」による不利益を被りたくないなら、メタ認知力を高めること、すなわち、自分の思考や行動を客観視する意識を強めましょう。

なお、要約力が伸びやすい人ほど、自分が要約をしていることに自覚的です。つまり、養われたメタ認知力は、要約プロセス全般において大きな役割を果たすのです。

4 要約の精度を高める正確な情報収集法

情報収集の段階から「本質」を見極める

情報の本質を見抜く力は、「要約力」を強化するうえで極めて重要です。インプットの段階から本質を見極めることができれば、要約の精度がより高まります。

本質とは「物事の根本的な性質や姿」のこと。情報収集するときに、表面的に見えている情報だけを収集するのか、本質まで収集するのか、その違いが、最終的なアウトプットで〝決定的な違い〟を生み出します。

ちなみに、本質を見抜くためには、「観察力」と「洞察力」を鍛える必要があります。

本質を見極める

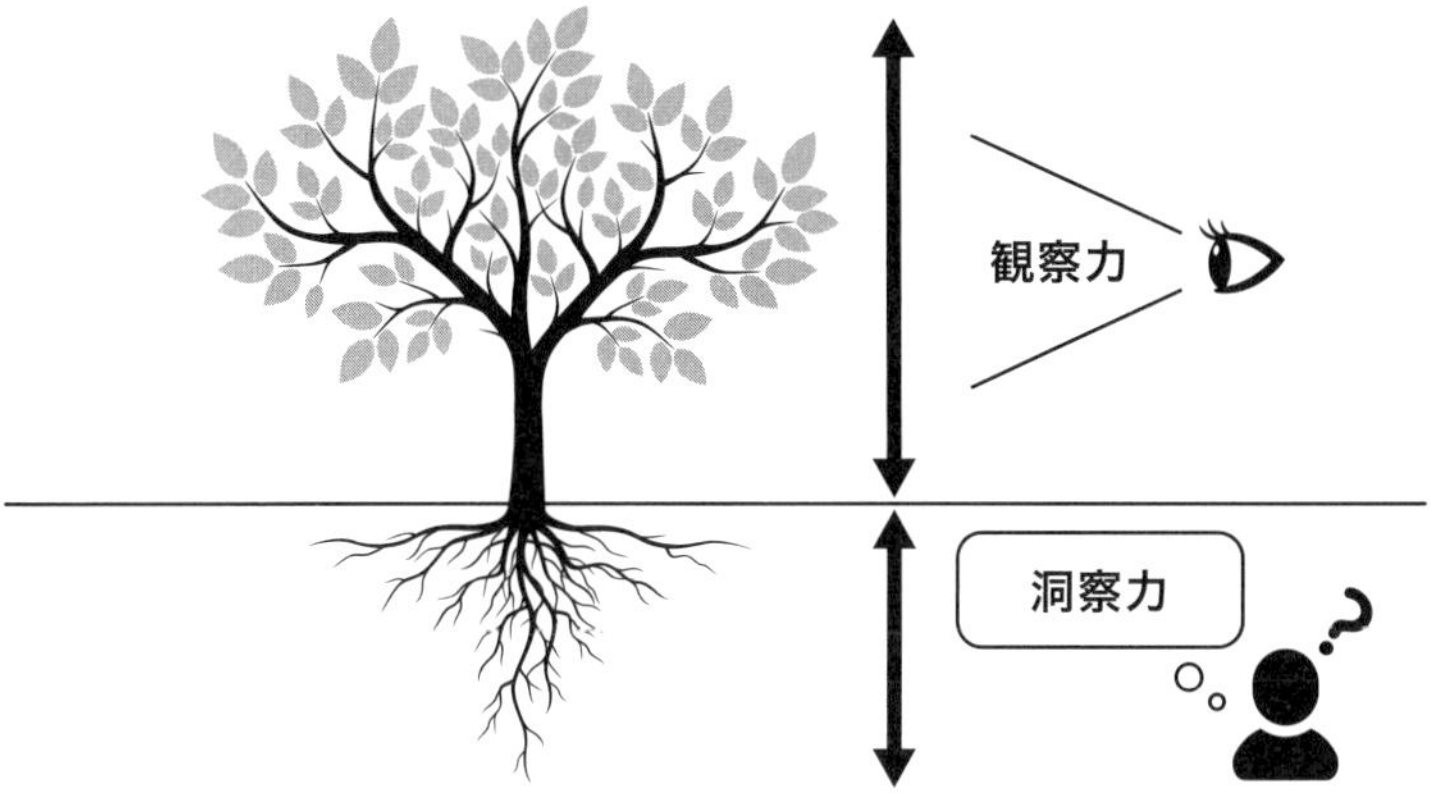

先述しましたが、「観察力」とは物事の状況や様子など、「目に見える情報」を注意深く見る力のことです。一方、「洞察力」とは、目に見える情報をヒントに、その屋台骨となる「目に見えない本質」を見抜く力のこと。木にたとえるなら、観察力で見るのは幹や枝葉であり、洞察力で見るのは土の下の根っこです。

洞察力を鍛えるためには、まず観察力を鍛える必要があります。観察ですから、意識を向けて〝じっくり見る〟ことが肝心。見えている物事や様子を「手がかり」にしなければ、本質を見抜くことはできません。

枝葉が元気な「木」は、おそらく根っこの状態もいいのでしょう。これが、見た目を「手がかり」に本質を突き止める洞察力です。

もし枝葉に元気がなければ、その木は根っこに問題を抱えているのかもしれません。そこに気づけない人は、その木を元気にしようと、枝や葉に応急処置を施そうとします。まったくもって「的外れな処置」です。

一方、洞察力に優れている人は、「おそらく根っこの状態が悪いのだろう」と考え、根を元気にするための方法を考えます。

わたしたち人間は、自分が認識できる範囲内でしか物事を考えることができません。**観察によって認識する物事の量を増やすことこそが、本質を見抜く力（＝洞察力）のパフォーマンスを上げる唯一のアプローチなのです。**

ビジネスシーンに置き換えても、まったく同じことが言えます。

問題や課題に対応する際、本質を見抜く力のない人は、効果の薄い場当たり的な対処に終始しがちです。対症療法はできても、根治させることができません。

一方で、本質を見抜く力がある人は、課題解決への対処が適切で、その症状を確実に根治へと向かわせます。

あなたが後者を目指したいなら、本質を見抜く目（観察力&洞察力）を養いましょう。

情報を応用して考えを広げる「アナロジー」を活性化する

本質を見抜けるようになるメリットは多々あります。そのひとつが、「アナロジー（類推）の活性化」です。アナロジーとは、すでに知っている情報や経験を、未知のジャンルに転用することです。

たとえば、木に元気がないときに「その原因が根っこにある可能性が高い」と考えられる人は、同じように、会社の業績が下がっているときに「会社にとっての根っことは何だろう？」と考えることができます。

そして、「会社の根っこは人材だ。人材育成を強化する必要がある」のように、アナロジーを使った転用を試みることができるのです。

あるいは、以下のようなプロセスで思考することもアナロジーの一例です。

近年、都心の駅には「1000円のヘアカット専門店」が増えている。忙しいビジネスパーソンを中心に人気を博しているようだ。他方、最近のコンビニエンスストアはサービスがますます多様化してきている。

このような情報をインプットしたとします。

「1000円のヘアカット」と「コンビニの多様化」というふたつの情報はまったく別物ですが、アナロジーを活用できる人は、そのふたつの比較・分解・結合などを試みます。

たとえば、「コンビニエンスストアの一角に『1000円ヘアカット』のブースを設けたら、意外と人気が出るのではないか?」という具合です。

これは「1000円のヘアカット」と「コンビニエンスストア」に共通する〝気軽さ〟〝便利さ〟〝リーズナブルさ〟などの本質が見えているからこそ生まれる発想です。

本質を見抜きながら、ふたつの異なる情報を要約してアイデアを出した、とも言えます。

アナロジーのスキルが磨かれていくと、ビジネスモデルの新規構築や、企画の立案、事業戦略の立て直し、人材採用・育成の改革、タイムマネージメントのアップデートなど、ありとあらゆるビジネスシーンでアイデアや問題解決策を提供することができます。

相手のパーソナリティをまとめる

「意見」や「気持ち」以外にも、相手の人柄や性格、気質といったパーソナリティを把握できる人は、最終的なアウトプット（「話す」と「書く」）の質を高めることができます。

相手のパーソナリティを見抜くためには、相手が発する言葉の内容だけでなく、その様子や表情の観察が欠かせません。様子や表情は、ときに言葉以上に雄弁だからです。その言葉の裏に隠れている真意や本音がつかめることも珍しくありません。

あなたの直属の上司はどんなパーソナリティの持ち主ですか？

パーソナリティを見抜くには、聴覚や視覚を駆使して、相手の特徴を細かく観察する必要があります。以下は、パーソナリティの異なるふたりの例です。

A課長

・率先して部下に声をかけ、積極的に部下とコミュニケーションを図る
・ふだんから陽気で、部下とも雑談や仕事以外の話もよくする
・部下を励まし、やる気を出させるのが得意
・「お客様の満足度を上げること」を重視している
・短期的な数字よりも、仕事のプロセスを大事にしている
・趣味はサッカー観戦と山登り

B課長

・自分から部下に声をかけることはなく、周囲とのコミュニケーションは少なめ
・いつもしかめっ面をしていることが多く、仕事以外の話をすることはない
・ダメ出しが激しく、部下をコントロールしようとする

・「短期的な成果を出し続けること」を重視している
・プロセスに興味はなく、数字だけで仕事ぶりを判断する（ノルマに厳しい）
・「趣味は仕事」と言い切っている

それぞれの特徴を細かく書き出すことによって、ふたりのパーソナリティが見えてきます。もちろん、A課長とB課長のどちらのパーソナリティが「いい・悪い」ではありません。パーソナリティに個体差があるのは当然のことです。

ことビジネスシーンでは、相手のパーソナリティを把握することで、より生産性の高いアウトプット（話す・書く）が可能となります。

たとえば、お客様の満足度を第一に考えるA課長と、数字だけで部下の仕事を判断するB課長では、求めている情報がまったく異なります。

A課長に対しては「お客様の満足度」にフォーカスした報告が響きますが、B課長には「お客様の満足度」の話をしても響きません。「それはそうと、今月の売上はどうだ？」と聞き返されるのが関の山です。

一方、B課長に報告をするのであれば、常に数字を意識して、短期的な成果が出ているのか否かを伝える必要があります。もし成果が出ていないなら、短期的に売上を作るためのアイデアなども用意しておいたほうがいいでしょう（数字を絡めつつ）。

「パーソナリティの把握なんて仕事には必要ない！」という考え方は間違っています。社会は人間関係で成り立っています。良好な人間関係を築く、あるいは、円滑に仕事を進めるためには、人そのものの情報（＝パーソナリティ）を把握しておくことは極めて重要です。


これは相手がお客様であっても同じです。質の高いサービスを提供している会社ほど、顧客一人ひとりのパーソナリティをよく把握しているものです。

銀座の高級クラブのママであれば、お客様のパーソナリティを徹底的に情報収集しています。パーソナリティを把握していれば、アウトプット（お客様との会話）に工夫が生まれ、相手を楽しませることができるからです。

「お客様」を「常連客」へと育てる秘訣も、その一歩めは「情報収集」なのです。

「抽象情報⇕具体情報」を習慣化する

情報収集をするときには、テーマに即したキーワードを拾うクセをつけましょう。

外国の人たちが「スシ（寿司）」「フジヤマ（富士山）」「スモウ（相撲）」「ゲイシャ（芸者）」「スキヤキ（すき焼き）」などのキーワードを目にしたとき、おそらく「JAPAN（日本）」と答えるでしょう。

このように、キーワードの関係性に目を向けることで、より大きなキーワードが見えてくることがあります。

❶くしゃみ、鼻水、目のかゆみ、2月から3月がピーク、アレルギー
❷格闘技、グローブ、チャンピオンベルト、1ラウンド＝3分

ほとんどの人が一瞬で、❶は「花粉症」で、❷は「ボクシング」とわかったと思います。

言葉は、その言葉以外の言葉（＝情報）によって成り立っています。その言葉の意

抽象情報と具体情報

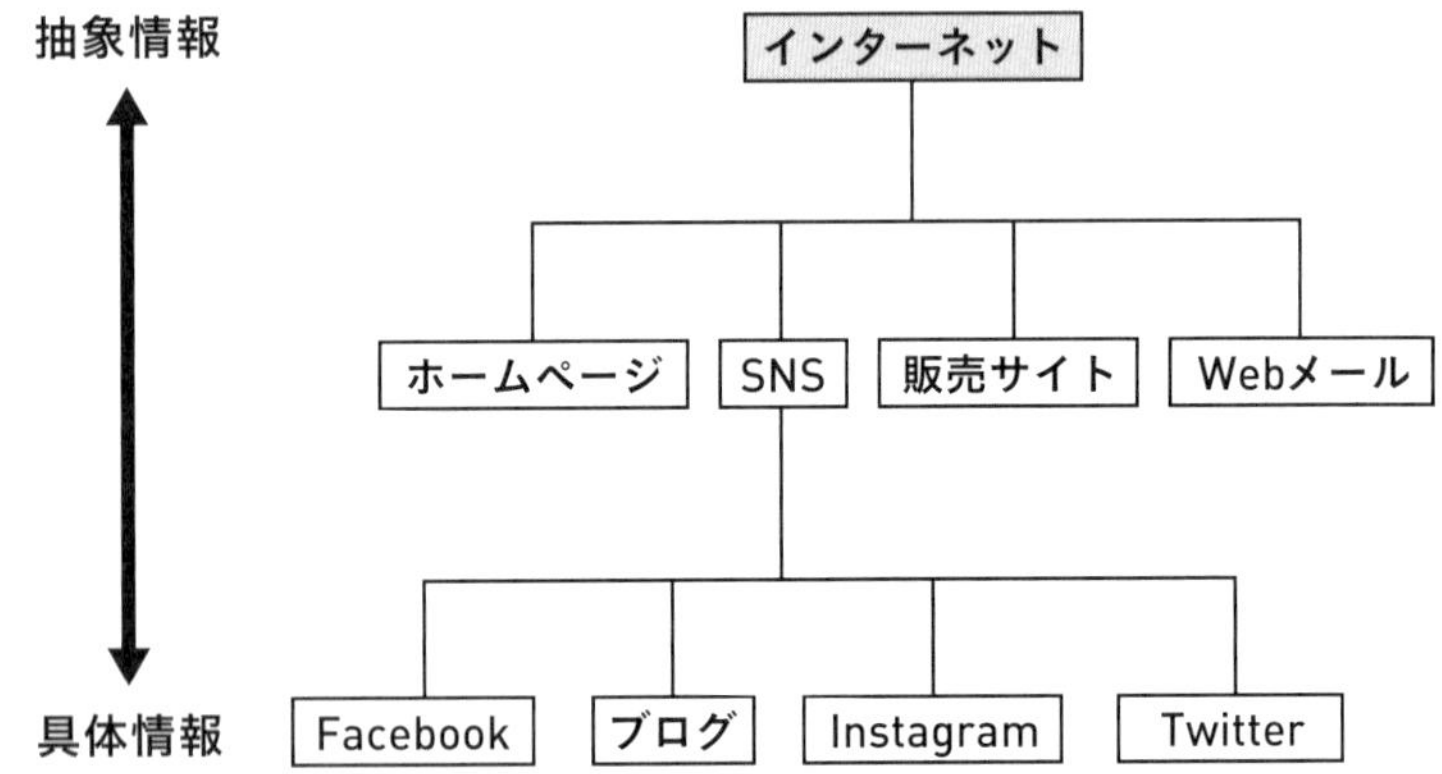

味を伝えるとき、その言葉ではない言葉を使うしか方法がありません。言葉単独では意味を伝えられないのです。

「言葉＝情報ネットワーク」です。

情報ネットワークは「理解している言葉の量」と「言葉同士の結びつき」。このふたつを増やすことによって活性化します。

情報ネットワークが強化されている人ほど、シチュエーションに応じて最適な言葉選びができます。その結果、報連相をはじめ、説明、交渉、プレゼンなどアウトプット全般の質が高まるのです。

なお、言葉には、「具体情報」と「抽

象情報」のふたつがあります。

いくつかの「具体情報」の結びつきから、それらを統括する「抽象情報」を見つけていくケースもあれば、それとは逆に、ひとつの「抽象情報」から「具体情報」を洗い出していくケースもあります。

右図のように、「インターネット」という「抽象情報」を具体化していくと「ホームページ」や「SNS」——などが洗い出され、さらに「SNS」は、「Twitter」「Facebook」——などにわかれます。

ここで質問です。あなたは「低迷している企業の業績を改善する方法は?」と聞かれたときに、どれくらいの業績改善のアプローチ案を出すことができそうですか?

・営業力強化
・新製品開発
・販路拡大
・新規事業の立ち上げ

・マーケティングの工夫
・広告戦略
・既存客のリピート率向上
・コスト削減
・企業ブランドの確立（あるいは強化）
・人材育成
・経営陣の刷新
・企業の体質改善
・財政健全化
・マスコミ&メディア戦略
・他社とのコラボレーション
・コンサルタントの指導を仰ぐ

ここでリストアップしたものは、改善案としては「抽象情報」です。「人材育成をしましょう」と言ったところで、具体的にやるべきことが見えてきません。

つまり、実際に人材育成をするためには、どのような方法で人材育成をしていくか、具体策（具体情報）に分解していく必要があるのです。

もちろん、仕事で具体情報を出せるようになるためには、それなりの経験値が必要です。しかし、経験値がある人の中にも、とっさに具体情報を洗い出せない人がいます。そういう人は、ふだんから頭の中で「抽象情報⇕具体情報」を行き来する習慣がついていないのです。

たとえば、「魚の種類は？」とお題を出せば、「鮪《まぐろ》」「鮭《さけ》」「鯵《あじ》」「鯛《たい》」のように答えることができるでしょう。このときの「魚」が「抽象情報」で、「それぞれの魚」が「具体情報」です。おそらく「野菜」というお題でも、「スポーツ」というお題でも、ある程度の名前を挙げることができるでしょう。

このように、「抽象情報⇕具体情報」の思考は、ゲーム感覚のエクササイズによっても鍛えていくことができます。

何より大事なのは、あなたがふだんよく人に伝えるテーマで、「抽象情報⇕具体情報」を行き来する思考を身につけておくことです。

金融、商社、サービス、マスコミ、メーカー、教育、飲食、公務員など、あらゆる業種業態で「抽象情報」と「具体情報」が存在します。**ふだんから、「○○より上にある『抽象情報』は何だろう？」「○○より下にある『具体情報』は何だろう？」と考えるクセをつけましょう。**

「抽象情報⇕具体情報」を習慣化することによって、情報ネットワークは強化されていきます。そうすることで自然と「いい要約」ができる体質になっていくのです。

書籍などのテキストから要約する方法

書籍や各種ビジネス文書、行政文書などから情報収集するときには、**必ず「目次」に目を通しましょう。**目次というのは、そのテキストの中身を端的に表した、究極の要約です。

たとえば、第1章から第5章まである書籍であれば、目次に目を通すことで、それぞれの章にどういうことが書いてあるのか、おおむね把握することができます。つまり、自分に必要なページだけ拾い読みすることが可能になります。

仮に、目次に書かれている第3章の内容に興味を持ったなら、第3章を読むだけで、必要な情報を手に入れられるかもしれません。もちろん、その章だけで物足りなければ、(重要度が高そうな順に) ほかの章にも目を通せばいいでしょう。

「必要なさそう」と判断した章にも、有益な情報が載っている可能性はゼロではありません。それらの章(ページ)については、「小見出し」や、くり返し登場するキーワードなどに意識を向けながら、サクサクとページをめくりましょう(熟読する必要はありません)。

ページをめくりながら、「このあたりは読んでおいたほうがよさそうだ」と勘が働いたときは、その周辺を重点的に読み込めばいいでしょう。

注意すべきは、「最初から最後までしっかり読まないといけない」という思い込みです。そういう読み方をしている限り、情報収集の効率は高まりません。

情報収集の段階からすでに要約はスタートしています。このプロセスで情報の要不要を明確にしておくことは、その後の要約プロセスの負担を軽減することにもつながります。

第3章

ステップ❷ 情報整理

——情報をグループ分けする

1 「グループ分け」で効率的に情報整理する

理想のゴールから逆算しながら情報整理をする

質の高い情報収集ができたら、次にすることは、「要約力」のふたつ目のステップ「情報整理」です。

ただし、好き勝手に整理していいわけではありません。なぜなら、要約のゴールは、アウトプット（話す・書く）を通じて、相手にとって価値ある情報を届けることだからです。つまり、そのゴールから逆算して整理を進める必要があるのです。

たとえば、あなたが半年間、関連企業のM社をサポートするために出向したとしましょう。出向を終えた半年後、上司にその報告をします。

第3章

ステップ❷ 情報整理
——情報をグループ分けする

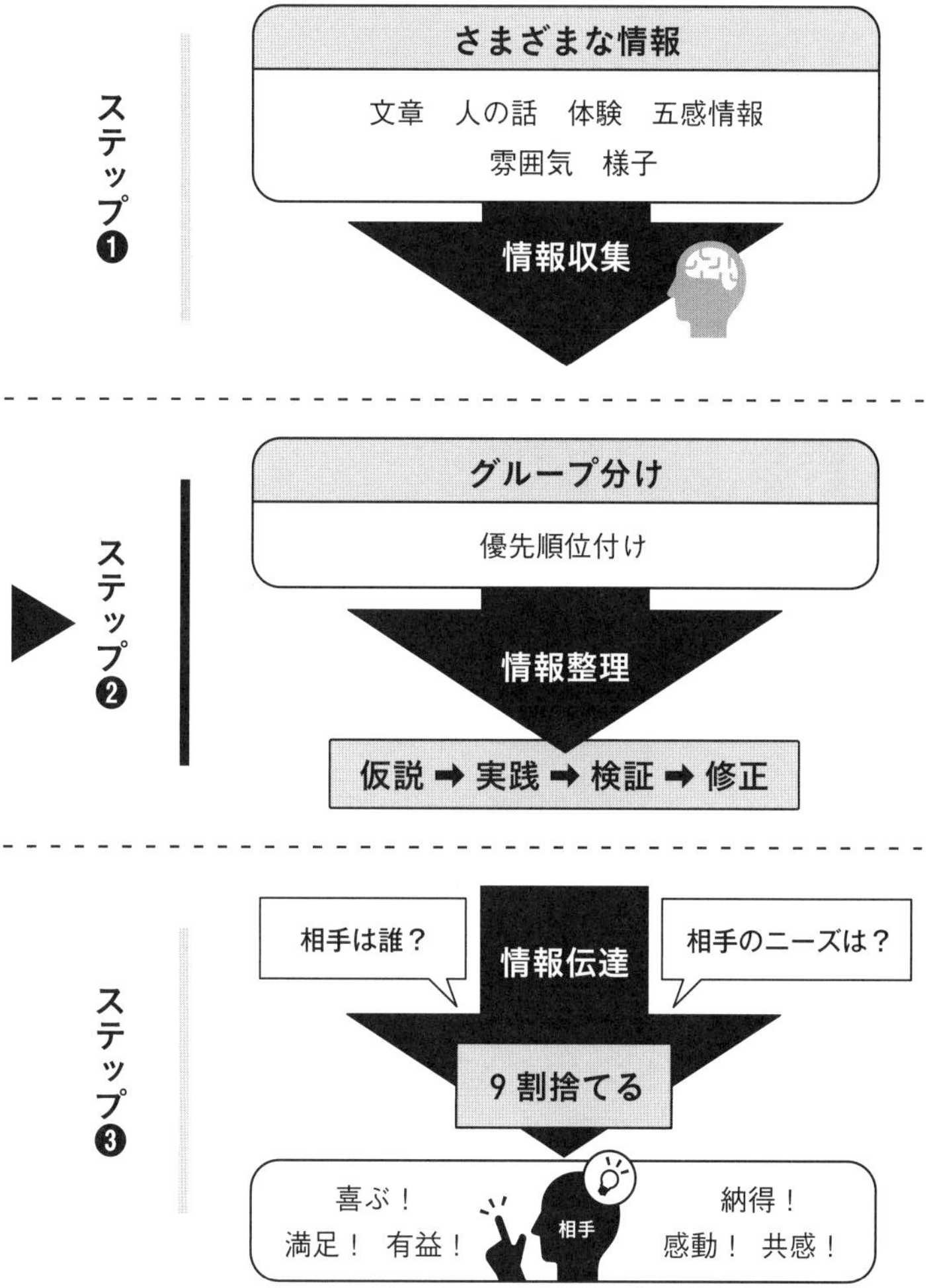

最初は部内の人たちとコミュニケーションを図るのが大変でした。社内の雰囲気は悪くはないのですが、部署間の風通しがよくないというか……その点で思うように動けないことも多く――**という具合に雑感が続く。**

こんな伝え方をしようものなら、上司に話を遮《さえぎ》られて、「おまえの日記のような話は聞きたくない。成果を聞かせてくれ」とツッコまれてしまうことでしょう。「要約力」が低い人に見られがちな傾向です。

一方、「要約力」が高い人は、上司がどのような形で報告を受けたいか？　その理想のゴールを見極めたうえで、情報を整理していきます。

「上司が受けたい報告」から逆算して整理する

・受けたい報告❶……M社が抱えている課題

・受けたい報告❷……（出向社員が）M社で実行した課題解決策

・受けたい報告❸……解決策を実行したことによる成果（効果）

このように、上司のニーズに即して「情報をグループ分けする⬇情報の優先順位❶～❸を決める」ことで、上司が納得しやすい報告になります。

M社には大きくAという課題とBという課題のふたつがありました【❶】。Aには◎◎という解決策でアプローチした結果【❷】、半年後には売上△％アップを実現しました【❸】。
一方、Bには□□という解決策でアプローチした結果【❷】、同じく半年後には◇◇という成果を挙げることができました【❸】。

先ほどとは違い、上司が知りたい情報が盛り込まれています。しかも、受け取りやすい順番で語られています。
この話のあとに「半年間の出向で得た教訓」や「関連企業M社から学ぶべき点」の

ような情報もつけ加えれば、上司の満足度はさらに高まるかもしれません。これらは、上司が受けたい報告の優先順位の4番手と5番手です。

出向先で大活躍したにもかかわらず、その要点をわかりやすく伝えることができなければ、上司はあなたの出向業務自体に落第点をつけるかもしれません。

そうならないためにも、あらかじめ相手のニーズを見極めたうえで、しっかりと情報整理をすませておきましょう。

出向の報告の「グループ分け」とその「優先順位」

・M社から学ぶべき点　⬇優先順位5
・半年間の出向で得た教訓　⬇優先順位4
・M社が抱えている課題　⬇優先順位1
・（出向社員が）M社で実行した課題解決策　⬇優先順位2
・解決策を実行したことによる効果（変化）　⬇優先順位3

「具体化グループ思考」で情報をきちんと整理する

情報整理のプロセスで最も大事なのは「情報のグループ分け」です。そのつど最適な情報を取り出すことができるよう、情報にタグをつけて、適切なグループに振り分けていくイメージです。

たとえば、オフィスのあなたのデスクはどうでしょう。

おそらく、「社内資料」と「社外資料」、あるいは「プロジェクトごとの資料」や「お客様の資料」のように、グループ分けして置いているのではないでしょうか。

もっと言えば、お客様の資料であれば「あいうえお順」などに並べて、アクセスしやすくしているのではないでしょうか。

もしもグループ分けしていないとしたら、あなたは資料を探すのに、ものすごく時間がかかる、手間取る、見つからない、などの問題を抱えているはずです。資料のグループ分けができていない状態では、仕事の効率と生産性は下がる一方です。

わたしたちが取り扱う情報も、デスクの資料とまったく同じです。似た者同士の情報ごとに整理（グループ分け）しておくことが肝心です。

脳の中が散らかっている人（「要約力」の低い人）は、必要な情報を脳から引き出すことができません。その結果、よくわからないものや、間違ったものをわたすなどして、相手をとまどわせてしまいます。

一方、脳の中が整理されている人（「要約力」の高い人）は、そのつど、相手が必要としている情報を、脳からサッと引き出していきます。その結果、相手に喜ばれ、「感謝」「好意」「信頼」などを寄せられます。

たとえば、少しクルマに詳しい人が、Aさんから「実はクルマを買おうと思ってるんです。どんなクルマがいいと思いますか？」と相談を受けたとします。

はじめてのマイカー購入とのこと。しかも、クルマにまったく詳しくないと言います。このAさんに対して何をどう話すかで、その人が「要約力が高い人」か「要約力が低い人」かがはっきりします。

「要約力」が低い人は、「○○や△△など、いいクルマがたくさんありますから、自分が好きなクルマを買うといいですよ」のようなアドバイスをします。

この○○や△△に共通性はなく、ただ自分が個人的に気に入っている車名を伝えただけです。クルマに明るくないAさんに対するアドバイスとしては極めて不親切です。

一方、「要約力」が高い人は、相手のニーズ（今回は「Aさんがクルマに何を求めているか？」の答え）を引き出しながら、手持ちのクルマ情報を「似た者同士のグループ」に分けていきます。

クルマに詳しくないAさんでも「選ぶ基準」がわかるよう、まずは「クルマのタイプ別」にグループ分けします。

クルマのタイプ別グループ分け例

・セダン
・ワゴン
・ミニバン
・SUV（スポーツ・ユーティリティ・ビークル）
・コンパクトカー

・軽自動車
・スポーツカー

脳内でこのようなグループ分けができていれば、質の高いアウトプットが期待できます。

仮にAさんが、「乗車スペースと荷室が完全に分離されていたほうがいい」と考えているなら「セダン」、3列シートで6人以上の乗車を希望しているなら「ミニバン」、小回り性や経済性（燃費のよさや税金の安さ）を重視しているなら「軽自動車」――という具合です。

あるいは、ヒヤリングする中でAさんが〈アウトドア好き〉だということがわかったら、オフロード対応（4WD）のSUVをすすめてもいいかもしれません。

Aさんのニーズを満たす形で、最終的に「Aさんにぴったりなのは、ミニバンだと思います」のようなアドバイスができれば、即興コンサルティングとしては及第点です。

さて、ここから先は、「クルマのタイプ」以上に詳しい情報を持っている場合の話です。

Aさんがミニバンに興味を持ったことを確認してから、「より具体的な要約」に移ります。今度は、どのミニバンがAさんに最適かを見極めるべく、ミニバン限定でタイプをグループ分けしていきます。

ミニバンのタイプ別グループ分け例

・高級ミニバン
・ファミリーミニバン
・コンパクトミニバン

相手の予算が潤沢で、大きいエンジンや高級感あふれる仕様、ブランドバリューなどを求めているなら「高級ミニバン」がぴったりでしょう。

一方、予算が限られている人や、エンジンの大きさや仕様の高級感よりも、俊敏性や経済性を重視する人には「コンパクトミニバン」をおすすめすると喜ばれそうです。

仮に、Aさんがコンパクトミニバンに興味を示したなら、最後に、メーカー別にコンパクトミニバンを比較検討していきます。

その際も、（あなたが情報を持っているなら）車種別の細かい仕様や装備の違いを伝えていきます。

■コンパクトミニバンの仕様や装備の違い例

・「スイングドア」か「スライドドア」か
・シートが「折りたためる」か「折りたためない」か
・シートのフルフラット化が「できる」か「できない」か
・低床設計か（乗り降りしやすいか）どうか
・ハイブリッドモデルの設定があるかどうか

ここまで細かい情報を把握しているとしたら、もはやその人は、ディーラーの営業マンレベルです。

わたしは、細かく情報をグループ分けできる思考のことを「具体化グループ思考」と呼んでいます。この思考が身につくと、いつでも必要な情報を取り出せるようになります。

グループごとに整理されたものにはアクセスしやすい

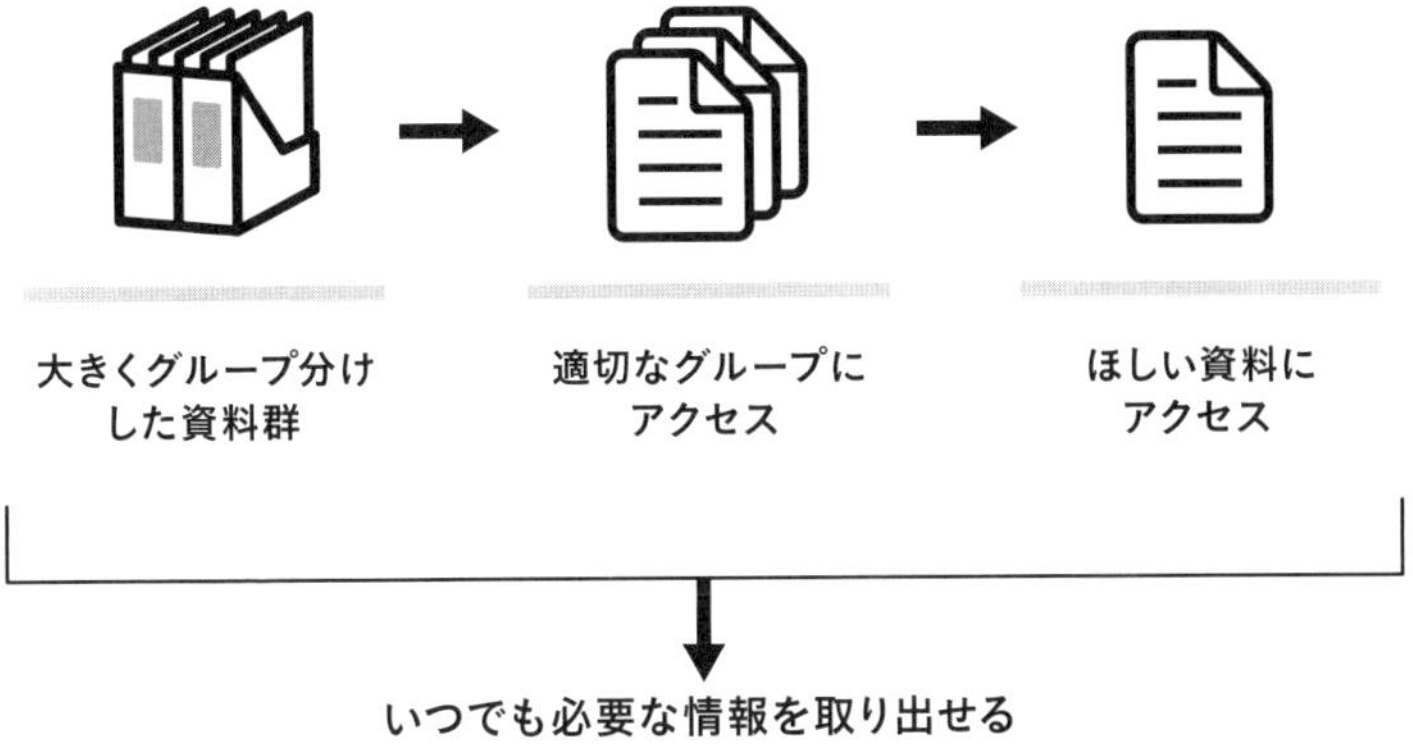

オフィスのデスクの「整理された資料」とまったく同じです。まず、大きくグループ分けした資料群から、適切なグループにアクセスし、次に、その中でさらに細分化したグループにアクセスしていく——という手順です。

「大きなグループ分け」から「細かいグループ分け」まで、情報をきちんと整理できている人は、まるで「検索窓にキーワードを打ち込む」かのように、一発の検索（＝命令）で脳から必要な情報を取り出すことができます。

自分の脳に「○○の情報がほしい！」と指令を出したときに、必要な情報を取り出せるようにしておくためには、具体化グループ思考による情報の整理が欠かせません。

なお、「グループ具体化思考」を強化するためには、日ごろから、あらゆる物事をグループ分けする意識を持ちましょう。

たとえば、あなたがこれまでに見た映画をジャンル別にグループ分けしてみてください。アクション、コメディ、SF、青春ドラマ、ヒューマンドラマ、ファンタジー、ホラー、ミステリー、ミュージカル、ラブロマンス、クライムサスペンス、ドキュメンタリー、戦争、歴史――などに分けることで、脳内に映画のジャンル別フォルダができます。その後は映画を観るたびに、このフォルダに作品を放り込んでいけばOKです。

難しく考える必要はありません。「意識する＝グループ分け終了」です。あなたが『万引き家族』はヒューマンドラマだ」と意識した瞬間に、グループ分けを終えています（「話す・書く」を行なうことで、その記憶はより強化されます）。

もちろん、仕事での要約力強化が最優先課題なら、まずは、あなたの仕事に関する情報のグループ分けから行ないましょう。

2 情報に「優先順位」をつける

「具体化グループ思考」と同時に「優先順位思考」も鍛える

「具体化グループ思考」と同時に、もうひとつ磨いておきたいのが「優先順位思考」です。これは、情報に優先順位をつけるということ。究極的には〈死んでもこれだけは言っておく！〉を選ぶための作業とも言えます。

グループ化された情報から必要な情報を選び出すとき、わたしたちは、それらの情報に優先順位をつけています。

たとえば、ダイエット志望者が、ラーメンやパスタ、うどん、パンなどの糖質を多く摂取しているようなら、「少し糖質を減らしてみるといいのでは？」「グルテンフリーでやせた人がかなりいますよ」のようなアドバイスができるとスマートです。

しかし、優先順位がつけられない人や、そもそも何も考えていない人は、「まずはジムに行ってみれば？」「加圧トレーニングっていいみたいよ」「わたしはサウナ通いで3キロやせました」のような、ふらついたアドバイスをしがちです。

これらのアドバイスが「完全に的外れ」と言いたいわけではありませんが、糖質過多が疑われる人に向けたアドバイスとしては理想的とは言えません。

優先順位としては、やはり「糖質の制限」や「グルテンフリー」が上位に来て然るべき。それ以外の9割を捨ててでも、伝えなくてはいけない情報ではないでしょうか。それが〈死んでもこれだけは言っておく！〉ということです。

もちろん、必要であれば、〈死んでもこれだけは言っておく！〉のあとに、次点以降の情報を、上位から順番に伝えていけばいいでしょう。

たとえば、「小麦を減らすと同時に、スクワットを組み合わせて、下半身の筋肉を強化できればなお効果的です。人間の筋肉のほとんどが下半身にあるので、新陳代謝がよくなるはずです」という具合です。

さらに、相手の様子を見ながら（受け取る余裕がありそうなら）、「余裕があれば、ビタミンB_1系のサプリメントも試してみてください」と添えればいいでしょう。

この話の流れは、以下の優先順位から導き出したものです。「優先順位4」の有酸素運動（ウォーキング）は、相手に受け取る余裕があるなら伝えてもいい、というレベルのものです。

・優先順位1……食事の見直し　➡小麦制限／グルテンフリー
・優先順位2……筋力運動　➡スクワット
・優先順位3……サプリメント　➡ビタミンB_1
・優先順位4……有酸素運動　➡ウォーキング

このように、グループ分けした情報に優先順位をつける作業は、要約のプロセスの中でも極めて重要です。裏を返せば、「グループ分けする➡優先順位をつける」のプロセスを踏まずして、相手を満足させる情報伝達はできない、とも言えます。

相手のニーズをいつでも満たせる人は、情報を整理する「具体化グループ思考」と、そこから9割を捨てるために有効な「優先順位思考」が身についている人です。

このふたつの能力を高めるには「ふだんから選択や決断のスピードを速める」エクササイズがおすすめです。なぜなら、「選択」や「決断」をするプロセスで、多かれ少なかれ「具体化グループ思考」や「優先順位思考」が求められるからです。

ファミリーレストランで注文品をすばやく決めるでも、人からの誘いを受けたときにすばやく「イエス or ノー」の返事をするでも構いません。「選択」や「決断」をするときに、あえて時間的な負荷をかけることで、要約力が鍛えられていきます。

【実例】お客様のクレームをどう要約するか？

あなたの会社にお客様から「プリンターの不具合」の連絡が来たとします。以下はあなたとお客様とのやりとりです。

あなた：「はい、渋谷区のカフェ・イアン様、どうかなされましたか？」

お客様：「プリンターが故障してしまったようなんです。インクを換えても、色がかすれちゃって、まったく使いものになりません。毎日メニューを印刷しているので困っています。黒だけじゃなく、青、赤、黄色、全部換えたんだけど、まったくダメなんです」

あなた：「カートリッジは弊社の純正品をお使いですか？」

お客様：「ええ、いつも、純正品しか使ってません」

あなた：「ご迷惑をおかけして申し訳ございません。ちなみに、機種は何をお使いでしょうか？」

お客様：「えーっと、T322プロってやつかな。製造番号は99808 0です。色がかすれるだけじゃなくて、ところどころに1センチ幅くらいの白い線も入っちゃうんですよ。1センチも入っちゃうと、もうダメです。使えません。こんなことは今まで一度もなかったんですけど」

あなた：「そうでしたか。承知しました。ヘッドノズルのクリーニング機能が備わっています。お試しにはなりましたか？」

お客様：「はい、何度か試しましたが、まったく変化がありません。カートリッジのテープはちゃんとはがしてからセットしました。今日中に直したいのですが、来てもらうことはできますか？」

あなた：「修理担当の部署に確認を取らせていただいたうえで、連絡を入れさせていただきます。ご登録いただいているお店の番号におかけすればよろしいでしょうか？」

お客様：「ええ、お待ちしています。わたしは遠藤と申します。お店が18時閉店で19時にはお店を出なくてはいけないので、それまでに修理していただけると助かります」

あなた：「承知しました。ただし、修理班の状況次第では、うかがうタイミングが明日になってしまう可能性もございます」

お客様：「それは困るなあ。じゃあ、最悪、明日9時に来てもらうことはできますか？　午前中にメニューを印刷しなければならないので」

あなた：「承知しました。いずれにしましても、確認のうえご連絡いたします。ご迷惑をおかけしますが、少しお待ちください」

さて、このやりとりのあと、修理担当の部署に報告をします。まずは「要約力」が低い人の伝え方です。

要約力が低い人の伝え方

渋谷区のカフェ・イアン様からプリンターの不具合のご連絡がありました。

ご本人は、ヘッドノズルのクリーニングもしており、カートリッジのテープはがしもしているのに、何で字がかすれるのかわからない、というようなことでして……とにかく今夜の19時までには修理に来てほしいということで、お客様はバタバタしているようですが、最悪、明日の9時に来てほしいと言うのです。

それと、ときどき1センチの幅の線も入ってしまうこともあって、それが致命傷になっています。

落第点の伝え方です。要点がつかめていません。電話のやりとりの中で得た情報のグループ分けができていないことが最大の原因でしょう。

最も重要な情報であるプリンターの症状についても「文字がかすれる」と、「1センチの幅の線も入る」という情報が離れてしまっています。

また、同じく重要な情報のひとつである「4色すべてのカートリッジを交換したこと」には触れていません。

対して「お客様はバタバタしているようですが」は、修理担当者への必要情報とは言えません（意味も不明です）。

ほかにも「来てほしいということで～」「というようなことでして……」のような冗長な言い回しも、ダラダラ話に聞こえる要因のひとつです。

さらに、「それが致命傷になっています」は、「事実」ではなく「見解」です。自分の「見解」を、あたかも「事実」であるかのように語る人は、要約以前に「事実と見解」を分けて考える（話す）必要があります。

一方、電話でやりとりした情報を元に適切な報告ができる人は、「具体化グループ思考＋優先順位思考」を駆使できる人です。以下は収集した情報をグループ化したものです。

❶プリンターの不具合状況

・印字がかすれる
・1センチ幅の白い線も入る

❷プリンターの用途

・毎日お店のメニューを印刷しているが、メニューの印刷ができず困っている

❸プリンターの機種

・T322プロ、製造番号は998080

❹お客様が試みた対策

・カートリッジ（純正品）は4色とも交換した
・ヘッドノズルのクリーニング機能は試した
・カートリッジのテープは、はがしてからプリンターにセットした

❺お客様の修理要望

・今夜19時までの修理を希望（19時にお店を出なくてはいけない）
・最悪、明日9時に修理に来てほしい

❻お客様の連絡

・登録いただいている会社の電話番号に

このように、情報収集を終えたあとは、断片的な情報をグループ化することに注力します。**【具体化グループ思考】**

また、グループ化を終えたら、次はアウトプットに向けて優先順位を明確にします。

【優先順位思考】

・優先順位1……❸プリンターの機種➡T322プロ
・優先順位2……❶プリンターの不具合状況➡印字がかすれる／1センチ幅の白い線も入る

・優先順位3……❹お客様が試みた対策➡カートリッジ（純正品）は4色とも交換した／ヘッドノズルのクリーニング機能は試した／カートリッジのテープは、はがしてからプリンターにセットした
・優先順位4……❺お客様の修理要望➡今夜19時までの修理を希望（19時にお店を出なくてはいけない）／最悪、明日9時に修理に来てほしい

ちなみに、報告から外そうと考えた情報は「❷プリンターの用途」と「❻お客様の連絡先」です。つまり、修理担当者がさほど重視していない情報です。

このように、「抽象情報⇕具体情報」を意識しつつ情報をグループ分けし、なおかつ、その優先順位を明確に打ち出すことによって、的確なアウトプット（話す・書く）ができるようになります。

要約力が高い人の伝え方

渋谷区のカフェ・イアン様からT322プロの不具合の連絡がありました。

4色すべてを純正のカートリッジに交換したにもかかわらず、印字のかすれがあり、また、ところどころに1センチ幅の白い線も入るとのこと。ヘッドクリーニング機能も試していて、カートリッジのテープはがしも行なっています。

先方様は、本日22日の19時までの修理完了を希望されています。難しい場合は、明日23日の9時にお店に来てほしいそうです。


先ほどの伝え方との違いは一目瞭然です。ムダな情報がなく、要点が明確です。優先順位が高い「プリンターの不具合状況」と「お客様が試みた対策」については漏れなく話し、そのうえで、お客様の修理希望日時を添えています。

「要約力」が高い人は、ミスや間違いが少ないため、相手にとっては〈自分の仕事を進めやすくしてくれる「ありがたい存在」〉です。こういう人が周囲から重宝がられるのは当然のことです。

要約情報は生きている。だから、そのつど更新していく

脳にストックされている情報は、常に更新できる状態にしておく必要があります。とくに時代の移り変わりが激しい現代では、情報の陳腐化や硬直化のスピードも速く、賞味期限もどんどん短くなっています。

情報Yに付随する情報が生まれたら、情報Yは、もう元の情報Yではなくなります。情報は生き物であり、刻々と変化・進化を遂げているのです。

賞味期限が切れた情報を拠り所にしたアウトプットは、「時代遅れ」「根拠が弱い」と思われかねません。

情報の中には、鮮度が少し落ちただけで、効果や成果が得られにくくなる情報もあります。

たとえば、5年前に試して成功したマーケティング手法Aを同じ条件で再び試したところ、5年前と比べてその効果が3分の1に下がってしまったとしましょう（よくあるケースです）。

「要約力」の高い人であれば、この時点でマーケティング手法Aへの評価を更新するでしょう。

マーケティング手法Aを「過去の手法」として封印する選択肢もあれば、今回の結果を検証・分析したうえで、アップデートを試みて再使用するケースもあるでしょう。「マーケティング手法AのVer.2.0」のような形で。これが要約情報の正しい扱い方です。

「5年前に成功したから」という理由だけでマーケティング手法Aへの信頼や評価を変えずにいることは、危険極まりないことです。最新結果（=最新情報）を軽視している時点で、要約のプロセスから逸脱しています。

「情報は生き物」という意識が強い人ほど、一つひとつの情報について、以下のプロセスを実施しています。

プロセス❶……その情報が有効かどうか仮説を立てる
プロセス❷……❶の仮説を実践する
プロセス❸……❷の実践結果を検証する
プロセス❹……❸の結果を踏まえて情報を修正する

このように「仮説⬇実践⬇検証⬇修正」をくり返すことによって、情報をバージョンアップし、情報の質を維持・向上させることができます。その結果、情報の「信頼性」が高まるのです。

第4章

ステップ❸ 情報伝達
——相手に簡潔に伝える

1 「話しすぎ」「言葉足らず」は伝わらない

デキる人ほど過不足なく話す

情報収集と情報整理を終えたら、残すは要約力の3つ目のステップ「情報伝達」、つまり「人に伝える」です。しかし、この「人に伝える」が、なかなかのクセ者、苦手にしている人も少なくありません。

せっかく良質な情報を持っていて、情報の整理も行き届いているのに、最後のプロセスでつまずいてしまうとしたら、もったいないことです。

伝えベタな人の二大特徴は、「話しすぎ」と「言葉足らず」です。

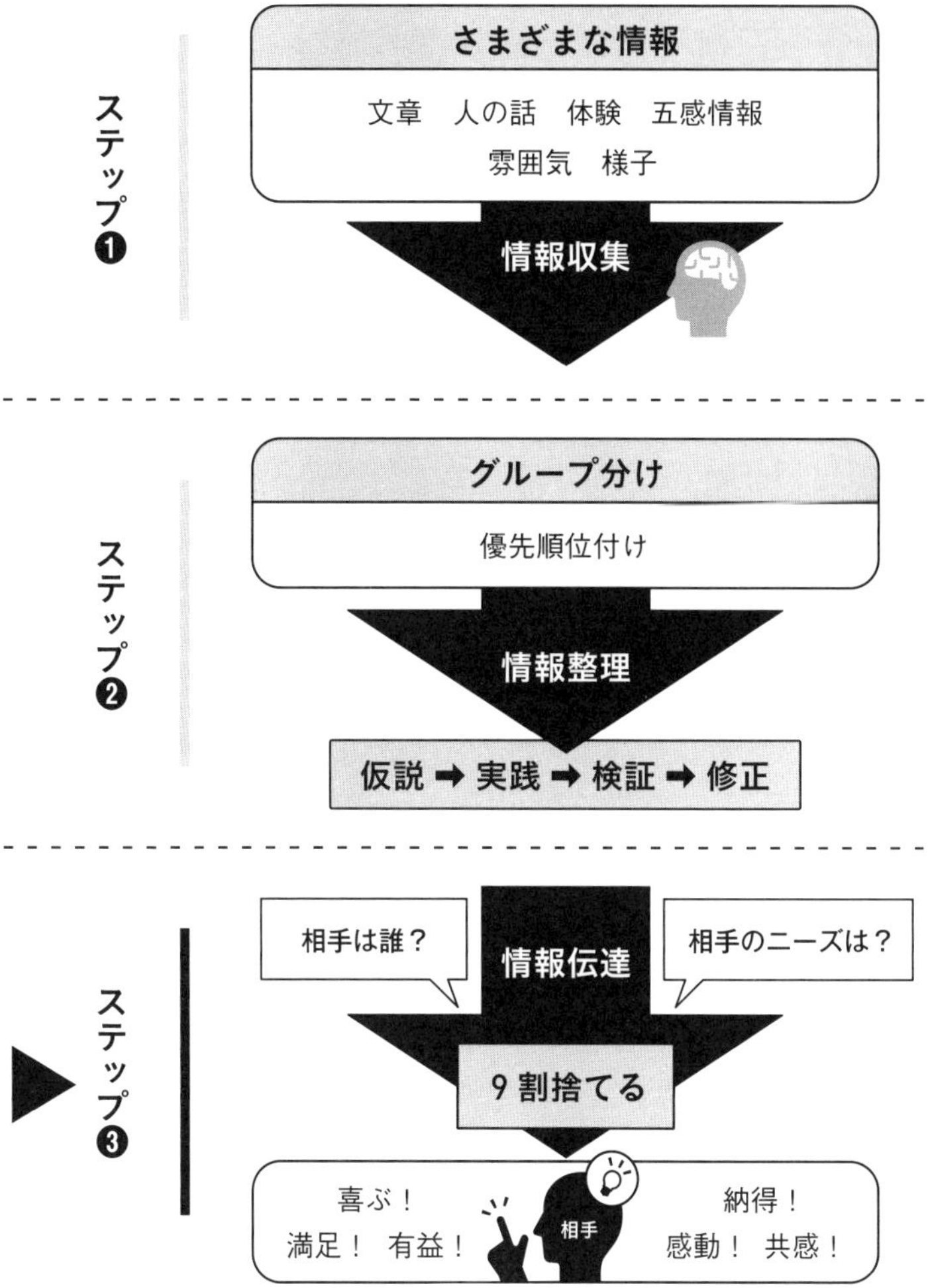
ステップ❶
さまざまな情報
文章　人の話　体験　五感情報
雰囲気　様子
情報収集
ステップ❷
グループ分け
優先順位付け
情報整理
仮説 ➡ 実践 ➡ 検証 ➡ 修正
ステップ❸
相手は誰？
情報伝達
相手のニーズは？
９割捨てる
喜ぶ！
満足！　有益！
相手
納得！
感動！　共感！

「話しすぎ」の人の罪は、相手の時間を奪っている点にあります。

「わかった、わかった、それで話のポイントは何だ?」「それで、結論は何なんだ?」「それはいいから、本題は何なの?」といった言葉をよくもらう人は、自分が、相手の時間を奪う「話しすぎ派」であることを自覚しましょう。

このタイプの人は、「〈死んでもこれだけは言っておく!〉と決めたこと以外は話さない」くらいの覚悟を持つ必要があります。

また、そのためにも、「情報整理」の質を高めて(つまり、グループ化した情報に優先順位をつけて)脳内をきれいに整理しておく必要があります。

脳内の情報が整理されていると、〈死んでもこれだけは言っておく!〉を決めやすくなるため、伝えることへの自信がわいてくるはずです。


一方、「言葉足らず」の人の罪は、相手に必要な情報をわたせていない点にあります。

相手から「んっ、どういうこと?」「えっ、何が?」「それは誰の話?」「いつの話をしているの?」「もっと具体的に話してくれない?」と聞き返されることが多い人は、「言葉足らず派」かもしれません。

このタイプの人は、話の「前提」や「大枠」、それに「主語」や「目的語」の抜け落ちが顕著です。その結果、相手の理解を損ねてしまうのです。意識の矢印が自分に向きすぎていて、「相手に伝わったかどうか」を確認しない人もいます。

「もしや自分も『言葉足らず派』かも？」と思った人は、相手に〈察してもらえる〉という甘い期待を捨てるほか、どんなときでも「主語」や「目的語」を入れて話すことを心がけてみましょう。

「くどい前置き」は話すな！

ビジネスシーンでのくどい前置きは厳禁です。相手がほしいのは、前置きではなく、仕事を前に進めるための、あるいは、仕事で成果を出すうえで必要な情報です。

辻課長：「おい堀、大阪はどうだった？」
堀さん：「あ、はい。問題なく……」
辻課長：「成果はあったのか？」

堀さん：「ええ、最初にA社の本社にうかがってから、Bコーポレーションと C商事を訪問しました。Dシステムにはアポを入れていましたが、当日になってキャンセルの連絡が入ったので……今回は残念でしたが、来月また神戸に行く機会があるので、そのときにでも……」

辻課長：「で、成果はあったのか？」

もしもあなたが、堀さんのような話をしているようなら、周囲から呆れられている可能性が大です。辻課長の「おい、大阪はどうだった？」を翻訳するなら、「大阪でどんな成果があったか？」です。

ところが、堀さんは、成果について話すことなく、一日の行動を報告するのみ。辻課長にしてみれば、正直、どうでもいい話です。

「質問の真意を見抜けない」のも「質問に的確に答えられない」のも、ビジネスパーソンとして致命傷です。前者は情報収集のレベルが、後者は情報伝達のレベルが低い状態です。相手がお客様や取引先だった場合、クレームや信用失墜につながりかねません。

辻課長:「おい堀、大阪はどうだった?」
堀さん:「はい。今回訪問した3社のうち、BコーポレーションとC商事が興味を持ってくれて、近日中にプレゼンの場を設定してくれることになりました。A社につきましては、詳しい商品データがほしいとのことでしたので、今週中に対応します。その後、必要であれば、プレゼンの機会を設けてくれるとのことです」
辻課長:「わかった。ご苦労さま。引き続き、よろしく頼むな」

くどい前置きもなく、辻課長の言葉の真意を汲み取ったうえで、ずばり「大阪でどんな成果があったか」という最重要情報を伝えています。

ちなみに、辻課長が、もっと簡潔な答えを求めているなら、要約をさらに一歩進めて、以下のように答えるといいかもしれません。

堀さん：「はい。今回訪問した3社のうち、2社がプレゼンの場を設定してくれることになりました。もう1社につきましても、プレゼンの機会をいただけるよう、鋭意交渉中です」

具体的な社名を省くなどして全体を圧縮しました（抽象レベルがやや高まりました）。どこまでの要約が必要かは、辻課長がどこまでの情報を欲しているかによります。相手のニーズに応じて、要約の「量」と「抽象・具体レベル」を工夫しましょう。

「幹↓枝↓葉」の順に話す！

世の中には、局所的な物事や、些末なエピソードを、いきなり語りはじめる人がいます。その人にとって、局所的な物事や些末なエピソードは「今語りたいこと」なのでしょう。

しかし、話を聞くほうは、いきなり局所や細部を語られても理解できません。そのことについての基礎知識がない人であれば、なおのこと話についていけないでしょう。

人がまず知りたいのは、話の全体図です。たとえば、あなたの知人があなたにこんな話をしたとします。

会話例❶

知人：「そうそう、銀行からＯＫがもらえたんです。ホントひと安心しました。今のご時世、銀行も厳しくてドキドキものでしたよ。担当者がいい人でかなりがんばってくれました」

あなたには、知人が何の話をしているのか、さっぱりわかりません。そして、しびれを切らせてこんなふうに答えるのです。

あなた：「え、何の話でしたっけ？」
知　人：「いや、今の家が手狭になってきたものですから、あちこち探していたんですよ」
あなた：「探す？　ああ、家ですか？」
知　人：「はい、調布に新築マンションを見つけまして」
あなた：「なるほど。ああ、それで、銀行ローンが通った……ってことですか？」
知　人：「そうなんですよ～」

知人は終始うれしそうですが、自分が伝わらない話をしていることには気づいていません。「え、何の話でしたっけ？」と聞かれたあとでさえ、「いや、今の家が手狭になってきたものですから～」と話の全体図をわたしてくれません。

真っ先に言うべきことが、「マンションを買うこと」と「銀行のローンが通ったこと」であることがわかっていないのでしょう。〈死んでもこれだけは言っておく！〉への意識が恐ろしいほど低い状態です。

人に何かを伝えるときの基本は「幹⬇枝⬇葉」です。この場合の「幹」は全体図、つまりは〈死んでもこれだけは言っておく！〉です。「枝と葉」は「幹」の内容を具体化した詳細情報です。

・幹……マンションを買う／銀行ローンが通った
・枝……今はローンの審査が厳しいので心配していた
・葉……担当者ががんばってくれた／ひと安心した

会話例❷

知　人：「そうそう、調布にある新築マンションを買うことにしました。おかげさまで今日、銀行のローンが通りました」

あなた：「おお、それは、おめでとうございます！」
知　人：「ありがとうございます。今はローンの審査が厳しいので心配していましたが、これでホッとひと安心です。銀行の担当者がいい人でかなりがんばってくれました」
あなた：「それはラッキーでしたね」

会話の冒頭で「幹＝〈死んでもこれだけは言っておく！〉」を伝えたうえで、「枝⬇葉」へと進んだことで、知人の話が格段にわかりやすくなりました。

話が上滑りしていた「会話例❶」とは異なり、「会話例❷」は、地に足の着いた伝え方です。裏を返せば、それくらい「何を」「どの順番で」伝えるかが重要だということです。

松本人志さんの人気番組『すべらない話』などを見ていると、芸人さんたちが、具体的なエピソードから語りはじめるケースがほとんどです。俗に言う「エピソードトーク」です。

話すときは「幹➡枝➡葉」の順番で

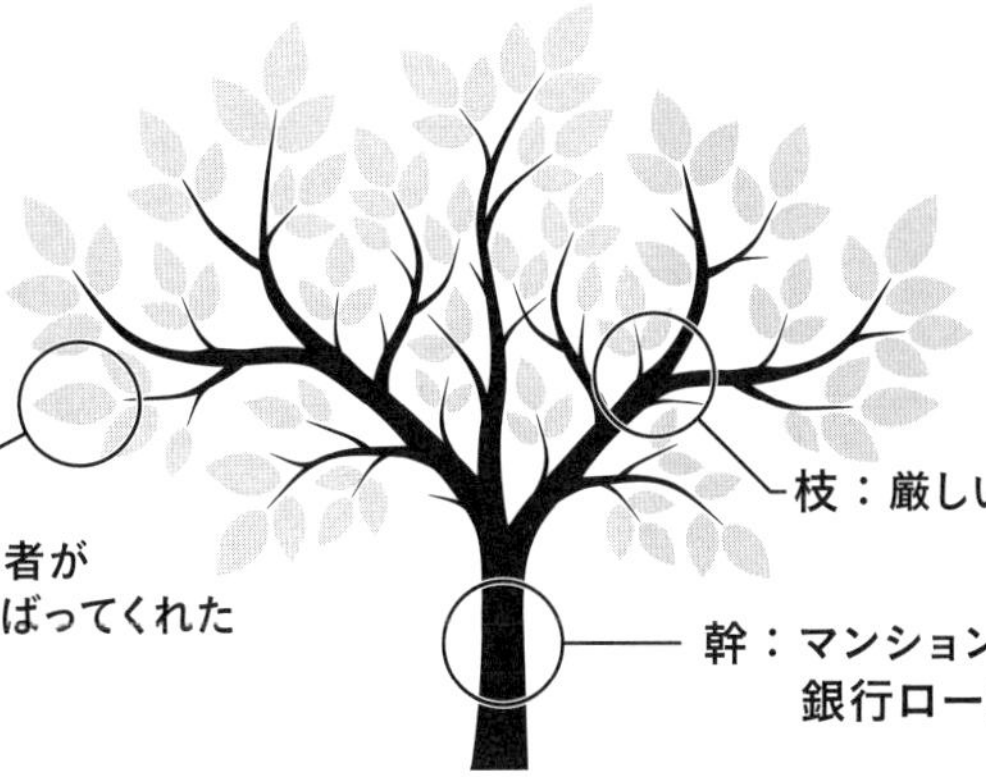
枝：厳しいローン審査
葉：担当者が
がんばってくれた
幹：マンションを買う
銀行ローンが通った

しかし、エピソードトークが許されるのは、最後のオチで笑わせる必要があるからであり、また、視聴者も「最後にどんなオチが待っているのだろう？」「どんなおもしろいエピソードなんだろう？」と期待している状況があるからです。そもそも芸人さんには、細部から語りはじめても、聞き手を飽きさせない〝話術〟があります。

ビジネスシーンでエピソードトークが許される場面は、ほとんどありません。許されるとしたら、お酒の入った会食などで、気兼ねなくエピソードを楽しむような場面くらいでしょうか。

2

「ひと言」で伝わる具体的なスキル

ズバっと「ひと言」で全体像や結論を伝えるスキルを磨く

〈死んでもこれだけは言っておく！〉の意識を高めるには、ふだんから「ひと言」で言い表す意識を持ち、なおかつ習慣化することです。

・あなたの会社の魅力は何ですか？
・あなたが大切にしている価値観は何ですか？
・日本という国の長所は何ですか？
・あなたにとってお金とはどういう存在ですか？

どんな質問でも構いません。大事なのは、これらの質問に「ひと言」で答えられることです。どんな事柄でも、究極的には〈死んでもこれだけは言っておく！〉で表現できます。「ひと言」というのは、その物事の「勘どころ」です。**どんなことでも「ひと言」で言うクセをつけることで、物事の勘どころを押さえられるようになっていきます。**

前述の「具体化グループ思考」とは逆に、この「ひと言」で言い表す作業は「抽象化思考」です。

たとえば、「あなたの会社の魅力は何ですか？」という問いに対して、以下の答えを出したとしましょう。

・お客様へのホスピタリティにあふれていること
・お客様の満足度とリピート率が高いこと
・社員同士が惜しみなく協力し合う「共生志向」の社風が心地いいこと
・福利厚生が手厚いこと

これらはすべて「魅力の断片（具体情報）」です。仮に、この断片を要約して「ひと言」で言い表すとしたら、具体情報を束ねたうえで抽象化する必要があります。この場合の抽象化とは、物事の本質を抜き出す作業とも言えます。

・お客様と社員の双方に優しい会社

このような抽象化ができれば及第点です。

実際に話をするときには、〈死んでもこれだけは言っておく！〉を意識して、「わたしの会社は、お客様と社員の双方に優しい会社です」と伝えればいいでしょう。

続けて話すことが許される場面なら「サービス面では、お客様へのホスピタリティを徹底追求していて、高い満足度とリピート率を誇っています。一方、社員同士が惜しみなく協力し合う『共生志向』の社風が心地いいほか、手厚い福利厚生も備えています」のように「具体情報」を語ればＯＫです。これもまた「幹➡枝葉」の伝え方です。

どんなに分厚い資料であっても、要約力が活性化している人は、「ひと言」で、そ

の資料のポイントを伝えることができます。

あるいは、どんな企画であっても、伝え上手な人は、「ひと言」で、その企画の趣旨を伝えることができます。

仮に、あなたが上司に「今回のプロジェクトの狙いは？」と質問されたときに、「近ごろ女性のライフスタイルが多様化してきていまして～」のように、ダラダラと背景を語りはじめた時点でアウトです。

一方、「狙いは40代主婦層への認知拡大です」と〈死んでもこれだけは言っておく！〉に該当する情報を伝えることができれば、上司のあなたへの評価は高まるでしょう。

より詳しい説明が必要なときは、「ひと言」を言い終えたあとで伝えればＯＫです。

もちろん、ときには「ひと言」で言い切れないケースもあるかもしれません。そういうときは、いきなり背景説明や詳細からスタートせず、「状況が少し複雑ですので、整理しながら（順序立てて）お伝えします」のような前置きを入れましょう。

このような前置きがあるだけで、聞き手は安心して、その後の話に集中しやすくなります（前置きがダラダラ長くならないように注意しましょう）。

ちなみに、この前置き自体も、〈自分が情報を整理できていない〉という状態を「ひと言」で示した〝立派な要約〟です。

「用件＋結論優先型」で伝える

報連相からプレゼンテーションやスピーチまで、あらゆるビジネスシーンに使えるトークテンプレートをご紹介します。そのひとつが「用件＋結論優先型」です。

用件＋結論優先型

❶用件（今から話す事柄の全体像）
❷結論（伝えたい事柄の勘どころ〈死んでもこれだけは言っておく！〉）
❸理由（結論の理由）
❹詳細（結論についての詳細）

❶〜❹の順に伝えることで、聞く人の理解度が高まります。
以下は、新型多機能バッグ「スマート・ビジネス」のテレビCMの内容について、上司に説明する場面です。

Aさん（構成を考えずに伝える）

スペース炭酸水が今ブームになっていると思います。わたしもちょっとマイブームと言いますか、かなり愛飲していますが、ミネラルウォーターが全体的に売上を落としている中、発売からずっと売上を伸ばしています。スカッとする爽快感がたまらないというか、いえ、これはあくまでも個人的な意見ですが、「スマート・ビジネス」とも合うんじゃないかな、と。そうそう、腹持ちがいいので、昼飯を食べる暇がないようなときにも重宝しますし……

Bさん（「用件＋結論優先型」で伝える）

課長、「スマート・ビジネス」のCM制作の件でご提案があります。**【❶用件】**
C社の人気商品「スペース炭酸水」とタイアップさせてはいかがでしょう。

【❷結論】
「スペース炭酸水」は、インテリジェンスの高いビジネスパーソンをターゲットに人気を博しています。「スマート・ビジネス」と「スペース炭酸水」を同じ画角に収めることで、ターゲット層へダイレクトに訴求できると考えています。**【❸理由】**
具体案としては、モデルの男性が「スマート・ビジネス」を開いてノートパソコンを取り出すときに、バッグ内に忍ばせた「スペース炭酸水」を映します。あるいは、モデルの右手に「スマート・ビジネス」、左手に「スペース炭酸水」を持たせて丸の内のオフィス街を颯爽と歩かせるアイデアもあります。**【❹詳細】**

Aさんは、話の流れを考えることなく、自分が話したいことを好き勝手に話しています。Aさん自身が話の「勘どころ」をつかんでいないため、聞く人の頭上にクエスチョンマークを灯してしまいます。上司から「何が言いたいんだ！」とツッコミを入れられても仕方ありません。

一方、「用件＋結論優先型」を使ったBさんの話は、理路整然としていて納得感があります。何よりこのCMで表現したいことがしっかりと伝わってきます。

このテンプレートでとくに重要なのが「❶（用件）」と「❷（結論）」です。話の冒頭で「どんな用件か」と「どんな結論か」のふたつを伝えることによって、相手は話の輪郭をつかむことができます。この❶と❷が「幹⬇枝⬇葉」の「幹」にあたるパートです。

また、この「❷（結論）」にとって〝なくてはならない存在〟が「❸（理由）」です。結論の直後に筋の通った理由を添えることで、論理性が保たれ、結論の説得力が増します。「幹⬇枝⬇葉」の「枝」にあたるパートです。

そして、「葉」にあたるパートが「❹（詳細）」です。「葉」では、具体例や体験、事例などを伝えます。関連データや補足事項があるときもこのパートに盛り込みます。❶〜❸に比べると、やや自由度の高いパートと言えるでしょう。

なお、さらに話を深めたいときは「詳細1⬇詳細2⬇詳細3」と続けていきます。以下は、先ほどのBさんの話に続けた場合の一例です。

ちなみに、CMキャラクターの第一候補は、ドラマ『〇〇〇』で敏腕セールスマンを演じた若手俳優の佐伯健太郎です。女性のみならず、男性からも高い好感度を得ている点も今回の商品にぴったりです。**【詳細2】**また、CM制作スタッフとして、若手映像クリエーター集団「スターフィッシュ」からカメラマンと映像監督を招くことも検討しています。**【詳細3】**

もしも詳細から話をスタートさせたとしたらどうでしょう。おそらく上司は、話の要点をつかむことができず、ストレスを感じていたことでしょう。

「要約力」が高い人の中には、仕事のときだけでなく、ふだんからごく自然に「用件＋結論優先型」を使っている人が少なくありません。

今日のランチだけどさあ、**【用件】** 駅前の山田定食に行かない?**【結論】** どうやら今日がオープン5周年記念らしくて、どの定食も一律500円なんだって。**【理由】** あそこの生姜焼き定食が悶絶するほどのおいしさなんだよ。**【詳細1】** ごはんと味噌汁のおかわりが無料っていうのも、育ち盛りのオレたちにはぴったりだし(笑)。**【詳細2】**

こんな何気ない会話にも、「用件+結論優先型」が使えます。

話がよく脱線する人や、支離滅裂になりがちな人、相手から「いったい何が言いたいの?」のような言葉をもらいがちな人は、ふだんから「用件+結論優先型」で話すクセをつけましょう。

「列挙型」で話す

もうひとつ、ビジネスシーンで重宝する・トークテンプレートをご紹介します。「列挙型」です。いくつかある情報を整理して伝えるときに重宝します。

列挙型

❶全体像（いくつポイントがあるか？）
❷列挙1（ひとつ目のポイントは何か？）
❸列挙2（ふたつ目のポイントは何か？）
❹列挙3（3つ目のポイントは何か？）
❺まとめ

列挙型の最大の特徴は、冒頭で全体像を示すアプローチにあります。この全体像では、必ず「伝えるポイント」の数を示します。以下のような要領です。

・この問題への対応策はふたつあります。ひとつ目は〜

・柏木様にふたつのご報告と、ひとつのご提案がございます。まずご報告のひとつ目ですが〜

・会員に対するこのサービスのメリットは5つあります。ひとつ目が〜

以下は、会議で「合宿スタイルの新人研修」の提案をするときの例です。

Aさん（構成を考えずに伝える）

合宿スタイルの新人研修だと、毎日、家に戻りませんので、学生時代に夜更かしなどの不規則な生活を送ってきた人にはメリットではないでしょうか。切磋琢磨する土壌が育まれますし、心の距離が近づきますし、必要な知識を効率よく学べます。それと、早寝早起きの習慣も身につきます。管理されたスケジュールの中で、寝食をともにしますから。社内の会議室で行なうと、ノイズが多いため気が散りやすくなります。寝食をともにすることで、心の距離が近づき、一体感が高まります。

Bさん（「列挙型」で伝える）

合宿スタイルで新人研修を行なうメリットは3つあります。**【❶全体像】**

ひとつ目が、仕事に必要な知識を効率よく学べる点です。社内の会議室で行なう研修は、ノイズも多いため気が散りやすくなります。また、毎日、家に帰ることで集中力が落ち、学びが定着しにくくなります。**【❷列挙1】**

ふたつ目が、時間管理されたスケジュールのなかで、規則正しい生活を送る点です。学生時代に不規則な生活をしてきた人も、正しい生活習慣を身につけることができるでしょう。**【❸列挙2】**

3つ目は、同期同士の親交が深まる点です。寝食をともにすることで、心の距離が近づき、一体感が高まります。お互いに助け合い、切磋琢磨する土壌も育まれます。**【❹列挙3】**

以上のことから、合宿スタイルでの新人研修を提案します。**【❺まとめ】**

Aさんの話は、必要な情報は盛り込まれているものの、情報が整理されていないため、理解しにくく感じられます。順番を考えず、自分の好きなように話していることが原因でしょう。

一方、列挙型を使ったBさんの話は、冒頭で「メリットは3つあります」と全体像を伝えてから、それぞれのポイントについて話をしています。**相手にしてみれば、はじめに全体像を把握できるメリット（＝安心感）は小さくありません。また、ポイントごとに整理して話をしてくれるため、理解しやすくストレスも感じません。**

もちろん、冒頭で全体像を示すためには、話すべき情報をあらかじめ整理整頓しておく必要があります。つまりは「具体化グループ思考＋優先順位思考」の実施です。情報が整理できていなければ、そもそも列挙型は使えませんし、結果的に、とっ散らかった話になりかねません。当然、情報の漏れやノイズも生じやすくなります。

なお、質問や確認をするときにも、この列挙型が役立ちます。

たとえば、冒頭で「2点確認がございます」と示してから、「ひとつ目ですが〜」と話すことで、相手が準備を整えやすくなります。

反対に、ひとつ質問し終えてから思いついたように「それからもうひとつ質問がありまして〜」のように話してしまうと、相手にストレスを与えかねません。

とても便利な列挙型ですが、列挙する数が10も15もあると、相手が受け取りきれません。一つひとつのポイントも希釈されてしまい、記憶にも残りません。

口頭で伝えるときは3つか5つ、文章で伝えるときも、多くて7つまでにしましょう。

列挙型で伝えられるようになると、周囲から「この人は情報の整理ができている」「この人は仕事ができる」と思われて、信頼と信用を勝ち取りやすくなります。前項で紹介した「用件＋結論優先型」との併用をおすすめします。

3 具体性を増すキーワードがあると、より伝わる

「あいまいさ」を内包する日本語ゆえ……

英語や中国語は主語のあとにすぐに述語がきます。

「I like this way」（＝わたしは、このやり方が好きだ）と言われれば、その意味は明確です。

一方、日本語では、「わたしは、このやり方については、思うところがありまして、善し悪しを語るのはなかなか難しいところではありますが、個人的には嫌いではありません」のような、回りくどい言い方ができてしまいます。

主語と述語が離れがちで（主語は省略されることも多い）、あいまいな表現も無数

にあります。良くも悪くもこれが日本語の特徴です。

しかし、あらゆるビジネスシーンで、論理的で明快な判断や意思決定が求められます。

あいまいさを助長する日本語表現例

・○○という気がします
・○○しないとも限りません【「〜ない〜ない」の二重否定】
・○○っぽいです
・○○でないかと思います
・○○という感じでしょうか
・○○ということもありそうです
・（適当に／とりあえず／ちょっと／一応／なんとなく／軽く／いい感じに）○○しておいてください

もちろん、これらの言葉が絶対にいけない、ということではありません。

「あいまいさ」を許容することで、軋轢《あつれき》を生まずにすんでいる家族関係や友人関係もあるでしょうし、文学や芸能、映画、アートなどの文化面では、婉曲的なニュアンスが求められるケースも少なくありません。

一方、本書がウェイトを置くのは、「スピード感」と「明確さ」が求められるビジネスシーンでのアウトプット（話す・書く）です。

打ち合わせからプレゼンテーションまで、ビジネスの現場で「あいまいさ」を排除して物事をわかりやすく伝えることができる人は、その場のイニシアチブを握り、存在感を示せる人でもあります。

「数字」や「固有名詞」を使う

「課長、明日は少し人数が減ります。時間はどうしましょう?」

「要約力」が低い人の話し方です。

明日は何があるのでしょう?

「少し」とはどれくらいでしょうか?

「時間はどうしましょう?」とはどういう意味でしょうか?

さっぱり理解できません。聞いている側の課長はイラっとしてしまうかもしれません。

> 「課長、明日の営業強化ミーティングは、参加者が2名減ったため全員で5名です。時間は11時から11時半でよろしいですか」

これくらい具体的に伝えれば、課長をイラつかせることはないでしょう。前者との違いは、以下の2点です。

❶「言葉足らず」を補った

❷「数字」や「固有名詞」を使った

この❶と❷を意識するだけで、情報の伝達度が大幅にアップします。

「空港から少しあります」

⬅

「羽田空港からタクシーで20分ほどかかります」

「搬入先が変更になったので、うまく調整しておいてもらえますか？」

⬅

「社内報の搬入先が会議室Aから倉庫Cに変更になりました。担当メンバーへの連絡をお願いします」

「少なからず損失が出るでしょう」

⬅

「最大で2000万円の損失が出るでしょう」

「なるべく早くお送りいただけると助かります」

⬅

「6月3日（金）の正午までにお送りいただけると助かります」

「弊社は急速にグローバル化を進めてきました」

⬅

「弊社はわずか3年で、東南アジアを中心に計9カ国に教育システムを導入しました」

「あの問題が解消されないと、困ったことになります」

⬅

「群馬工場の稼働率を30％以上高めないと、商品供給が追いつきません」

伝えベタの人の中には「自分が知っていることは相手も知っているだろう」と勘違いしている人もいます。とくに実務面でのやりとりに関しては、積極的に言葉を補う意識と、数字や固有名詞を使う意識が必要です。

どれだけ正しい要約でも、相手に理解してもらえなければ意味がありません。大事なのは、相手の能力（知識レベル、理解力、想像力など）を過信しないこと。むしろ、〈少し疑ってかかる〉くらいが〝ちょうどいいさじ加減〟です。

「理解していない」を防ぐ確認の取り方

人に何かを伝えるときは、「相手が理解したかどうか」に意識を向ける必要があります。こちらが伝えたつもりでも、相手が理解していなければ（誤解していれば）、残念ながら、あなたの「伝える」という仕事は失敗したことになります。

「相手に伝わらないリスク」を減らす方法のひとつが「確認する」です。以下は確認例です。

- ・ここまでの話でわかりにくい点はありませんでしたか？
- ・◯◯の件で何かご不明点はありますか？
- ・これまでで何か質問や疑問はありますか？
- ・◯◯についてご理解いただけましたか？

営業マン：「このモデルハウスにはさまざまなＩｏＴ家電が標準装備されています。こうした住宅は今後、増加することが予測されます」

住宅メーカーの営業マンの話を聞いていたお客さんは、ＩｏＴ家電の意味がわからず、表情を曇らせました。しかし、営業マンがそのまま話を続けたため、お客さんは営業マンに少し不満を覚えました。

世の中では、このようなコミュニケーション不全が頻繁に起きています。

営業マン：「このモデルハウスにはさまざまなＩｏＴ家電が標準装備されています。ところで、ＩｏＴ家電についてはご存知ですか？」

このように、相手の表情が曇ったことを察知した場合、その救援シグナルを放置せず、相手に確認を取るのがスマートです。

お客さん：「いえ、知りません」
営業マン：「ＩｏＴ家電というのは、インターネットに接続された家電のことです。たとえば、スマートフォンをリモコン代わりにして、各家電の操作や運転状況の管理ができるようなシステムもあります」

このように、要所要所で相手に確認を取ることは、「話を確実に理解してもらう」うえで極めて有効な方法です。

確認を取った際、相手から「知りません」「あまりよく知りません」「〇〇のことがよくわかりませんでした」「〇〇って何ですか？」「聞いたことはあるのですが……」などの言葉が返ってきたら、その内容に応じて適切な補足説明をしましょう。

もっとも、相手が理解しているにもかかわらず、しつこく確認を取るのはＮＧです。煙たがられてしまいます。相手の言葉はもちろん、相づちを打つ様子や、非言語（表情や口調、態度など）から発せられるシグナルに注意を払いましょう。

質問への回答に求められる「瞬発的要約力」

通常の会話の中でも、瞬発的に要約力が求められることがあります。

とくに相手から質問を受けたときには、スピーディに頭を回転させて「❶情報収集（質問意図を見抜く）➡❷手持ちの情報を整理➡❸情報伝達」を行なう必要があります。

リアルタイムでの会話でこそ、その人の真の要約力が試されます。次に紹介するのは、腰痛用の治療機を販売するメーカーの販売担当とお客様との会話です。

お客さん：「この電磁治療機を使っているときに、手で何かを触ってはまずいんですよね？」

販売担当：「いえ、別に大丈夫です」
お客さん：「本当ですか？　スマホいじっていても大丈夫なんですか？」
販売担当：「ああ、スマホの場合は……いいときもありますし、ダメなときもあります」
お客さん：「どういうことですか？」
販売担当：「腰から下を治療するときは、手には電流は流れませんのでスマホをいじってもらっても問題ありません」
お客さん：「そうなんですか……。本を読んだりするのは？」
販売担当：「本はいつでもお読みいただけます」
お客さん：「ビリっとしたりはしないんですね？」
販売担当：「はい、しません」

あなたは、この販売担当のような、じれったい会話をしていませんか？　**このような会話で大事なのは、相手の質問の意図を見抜いたうえで、その質問に的確に答えることです。**

先ほどの会話例であれば、お客さんの最初の質問である「この電磁治療機を使っているときに、手で何かを触ってはまずいんですよね？」に対して、一発で答えを示す必要がありました。

「いえ、別に大丈夫です」と答えておきながら、その後の会話で、大丈夫ではない点が浮き彫りになる……という展開はお粗末で、とても要約上手とは言えません。

お客さん：「この電磁治療機を使っているときに、手で何かを触ってはまずいんですよね？」

販売担当：「ものによります。スマホなどの電子機器類の場合、腰から下を治療するときであれば問題なくお使いいただけます。一方、腰から上を治療するときは、手の指先まで微弱電流が流れます。故障の原因になることもあるのでご使用をお控えください。ちなみに、電子機器ではないもの、たとえば本や雑誌などであれば、腰から上を治療するときにも触っていただいて大丈夫です。とくにビリっとくるようなこともありませんので」

以上が、先ほどの会話例の理想形です。この回答であれば、相手も一発で納得・満足するでしょう。やりとりもわずか一往復と経済的です。

質問の要点を把握しつつ、その質問に的確に答えるためには、以下のふたつの能力が必要です。

❶ 相手の質問の意図を「正確に読み取る力」
❷ 相手の質問に「的確に答える回答力」

❶と❷は、どちらかひとつあればいいというものではありません。

〈相手の求めている情報を的確に差し出す〉というゴールは、❶と❷を最大限に発揮したときに到達できるのです。

あなたがどれだけ良質な情報を持っていても、相手の質問の意図を読み取り損ねれば、あるいは、その質問に的確に答えられなければ、その情報は宝の持ち腐れです。

なお、質問に答えるときに、肝心の答えを保留して「実はこの電磁治療機にはおもしろい特徴がありまして～」と、くどい前置きや背景を話しはじめるのはNGです。質問への答えを真っ先に示すことが、このケースでの〈死んでもこれだけは言っておく！〉です。

答えを後回しにすると、「この人は知らないのでは？」「この人はごまかしているのではないか？」と訝しまれてしまいます。十分に注意しましょう。

どうしても質問に答えられないときは、「申し訳ございません。その件については、勉強不足でお答えしかねます。のちほど調べてからご回答差し上げます」のように、正直に伝えましょう。

その場しのぎでデタラメな（あいまいな）回答をすると、信用を失いかねません。

4 さらに伝わりやすくなるテクニックと練習法

文章を要約するエクササイズ

本やニュース、資料などに書かれている記事や文章を要約することは、要約のエクササイズとして有効です。

以下は約1000文字のニュース記事です。この記事を200文字でまとめてみましょう。

【新型コロナウイルス】一斉休校で売上4～6倍に親子で読める「歴史本」の需要が急増した理由（2020年3月17日配信／ダイヤモンド・オンライ

ン)

❶新型コロナウイルスが経済に及ぼす影響が懸念される中、マスクやトイレットペーパーのほかに売上が急上昇した意外な商品がある。小中高校が臨時休校となったことで書店に親子が殺到し、児童書・学習参考書が売れているのだ。

❷なかでも人気があるのが、マンガやイラストを多用した「笑える」歴史本。江戸幕府を作った徳川家康は、じつは戦が怖くてウンコを漏らしたことがある…など「やばい」エピソードが満載のダイヤモンド社の『東大教授がおしえるやばい日本史』は、文部科学省から教育委員会へ休校要請の通知をした2月28日の売上は前日の2倍、29日は4倍になり、急遽2万部の重版を決定。同じシリーズの『やばい世界史』も1万部重版が決定し、シリーズ累計46万部となった。

❸ダイヤモンド社の宣伝プロモーション担当は、「外に出られない子どもが

一日中ゲームやYouTube漬けにならないよう、少しでも知識になる本を読ませたいという親御さんの気持ちがあるのだと思います。また、休校でお孫さんをあずかることになった、おじいちゃん・おばあちゃんが、面白い歴史の本を買って、お孫さんと共通の話題で楽しみたいという需要もあると聞いています」と語る。

❹子ども向けの歴史マンガで、2月29日の売上が前々日の6倍にもなったのが、実業之日本社の『ねこねこ日本史』。「もし日本史の偉人たちが猫だったら」というコンセプトで、聖徳太子や織田信長、坂本龍馬がかわいい猫として描かれたシリーズ累計100万部の人気コミックだ。現在NHK・Eテレでテレビアニメが放送中、2月22日から映画館で劇場版の長編アニメ『映画ねこねこ日本史　龍馬のはちゃめちゃタイムトラベルぜよ！』も公開されている。

❺実業之日本社の編集担当は、「2月から劇場版の公開に合わせて各書店でフェアを実施していただいていたおかげで、休校中のお子さんが退屈し

ないよう1～8巻の全巻セットを購入する親御さんが多いと聞いています。キャラクターのかわいさで、お子さんからの支持が熱い『ねこねこ日本史』ですが、じつは大人からも歴史ギャグのネタのするどさで人気がある作品。この機会にお子さんに「歴史好きになってほしい」と願う親御さんの需要もあるのではないでしょうか。編集部に送っていただくファンレターを読むと『ねこねこ日本史』で歴史にハマり、大河ドラマやお城巡りを一緒に楽しむようになった親子は多いですよ」と語る。

❻『東大教授がおしえるやばい日本史』も『ねこねこ日本史』も基本はギャグがメインで、ページをめくるたびに笑える構成になっている。共通の趣味で親子の絆が強くなり、一緒に笑うことで免疫力アップも期待できるなら、自宅待機のストレスも乗り越えられるかもしれない。

文章を要約するときは、「どこに」「何が」書かれているかに注目する必要があります。ことメディア記事の場合は、冒頭にリード文（導入文）が設けられていることがほとんどです。リード文自体が、記事全体の要約になっているケースも多いので、よくチェックしておく必要があります。

今回のメディア記事では、❶がリード文の役割を担っています。❶〜❻の段落に何が書かれているか、以下にポイントを引き出してみます。

❶……児童書・学習参考書が売れている［リード文］

❷の序盤……とくにマンガやイラストを多用した「笑える」歴史本が人気

❷の中盤以降……実例本その１『東大教授がおしえるやばい日本史』

❸……実例本その１の『東大教授がおしえるやばい日本史』がなぜ売れているか？（担当者の言葉）

❹……実例本その２『ねこねこ日本史』

❺……実例本その２『ねこねこ日本史』がどういう本か？（担当者の言葉）

❻……実例１と２は、どちらもギャグがメインで、ページをめくるたびに笑える構成／親子の絆も深まり、免疫力アップも期待できる

これが大まかなポイントです。あとは、要約する文字数に応じて、盛り込む内容を検討します。

以下は約２００文字の要約です。


新型コロナウイルスの影響で小中高校が臨時休校となったことで、書店に親子が殺到し、児童書・学習参考書が売れている。

とくに人気なのが、マンガやイラストを多用した「笑える」歴史本。これらの本はギャグがメインで、ページをめくるたびに笑える構成になっている。

親子で一緒に笑うことで、絆が深まり、免疫力アップも期待できる。これなら自宅待機のストレスも乗り越えられるかもしれない。

❷の中盤〜❺に盛り込まれている具体例はまったく用いていません。なぜなら「具体例＝枝葉」だからです。文字数が限られているときは「枝葉を落とす」のが原則です。
では、要約する文字数を倍の４００字に増やすとしたらどうでしょう。枝葉をふくらませる必要があるので、今度は具体例を盛り込みます。

新型コロナウイルスの影響で小中高校が臨時休校となったことで、書店に親子が殺到し、児童書・学習参考書が売れている。とくに人気なのが、マンガやイラストを多用した「笑える」歴史本だ。

ダイヤモンド社の『東大教授がおしえるやばい日本史』には、江戸幕府を作った徳川家康は、じつは戦が怖くてウンコを漏らしたことがある…など「やばい」エピソードが満載。２月28日の売上は前日の２倍、29日は４倍になり、急遽２万部の重版が決定。

また、実業之日本社の『ねこねこ日本史』は、聖徳太子や織田信長、坂本龍馬がかわいい猫として描かれたシリーズ累計１００万部の人気コミック。２月29日の売上が前々日の６倍にもなった。

いずれの本もギャグがメインで、ページをめくるたびに笑える構成になっている。親子で一緒に笑うことで、絆が深まり、免疫力アップも期待できる。これなら自宅待機のストレスも乗り越えられるかもしれない。

傍線が加筆した箇所です。「❷（実例本その1）」と「❹（実例本その2）」の中から「優先順位が高め」の情報をチョイスしました。

「❸と❺（担当者の言葉）」は、200文字要約にも400文字要約にも盛り込みませんでした。「情報の優先順位は低め」と判断したからです。

要約と聞くと、「全体からまんべんなく情報を拾わなくてはいけない」と思い込んでいる人もいるようですが、それは大きな勘違いです。優先すべきは「幹➡枝➡葉」の順番です。

プロの記者やライターが書くニュース記事の場合、比較的「幹・枝・葉」の区分が明確になっているため、さほど要約に苦しむことはないでしょう。

他方、ビジネスシーンでは、（とくに、要約力のない人が書く文章の場合）文面自体が整理されていないケースも少なくありません。そのような文章では、段落自体がアテにならないこともしばしばあります。

ていねいに文面を追いながら、そして、ときには想像力で〝行間〟を補完しながら「幹・枝・葉」を読み解いていきましょう。

「図表で示す」という要約

図表で示すときにも、「要約力」が求められます。そもそも図表は、情報伝達の一形態で、物事をわかりやすく示すための手法です。

以下の文章をお読みください。

> コミュニケーション方法には、大きく対面、文章、電話の３つの方法があります。このうち、話し言葉ではないコミュニケーションは、文章だけです。また、相手の表情を見ることができるのは対面だけです。

難しい内容の文章ではありませんが、確認の意味で、もう一度、読み返した人もいるでしょう。

このように、一瞬で理解しにくいケースにおすすめなのが「図表」です。図表とは、

3つのコミュニケーション方法

	話し言葉	書き言葉
表情が見える	会話	
表情が見えない	電話	文章

物事の関係性を図や表で表したもののこと。視覚的にわかりやすく、見た人が、その概要をパッと把握することができれば合格です。上の表を見てください。文字情報だけのときよりも、読む人の脳に負担がかかりません。

図表で示すためには、要約のプロセスである「❶情報収集➡❷情報整理」をしっかりと踏み、情報の関係性を正しく把握する必要があります。

とくに「❷情報整理」では、以下のように、情報をグループ分けして、関係性を明確にする作業が欠かせません。

・話し言葉　……………対面、電話
・書き言葉　……………文章

・表情が見える……………………………………………………対面
・表情が見えない…………………………………………………電話、文章

この表は、こうして整理した情報を「視覚情報」に置き換えたものです。

複雑で見にくい図表は、見る人にストレスを与えます。そもそも〈わかりやすく伝える〉という図表本来の目的にも反しています。図や表の形状や色づかいなどにも気をつけながら「理解度ファースト」で作りましょう。

論理的に説明する方法と練習

ビジネスシーンで「○○の説明」をする際、とくに重視したいのが「論理」、つまり「話の筋道」の明確化です。

テレビの料理番組では、実演者が料理の手順をわかりやすく説明してくれます。だから、視聴者は同じ料理を作ることができるのです。

仕事でも説明をしなければいけないケースはよくあります。このときに論理的に話せるか否かで、「伝え上手」か「伝えベタ」かに分かれます。

お題をひとつ出しましょう。左ページの図を見て、スタート（自宅）からゴール（病院）までの道順を文章で説明してみてください。

あなたが書いた説明文を読んだ人が、迷わずゴールまでたどり着けるようなら、その説明文は的確だった、ということになります。

解答例

自宅の門を出て右に行きます。川を越えたら、右手に公園を見ながら進みます。公園の先、右手に郵便局のある交差点を左折します。そのまま進み、今度は左手に不動産屋がある交差点で右折します。左手に市営駐車場を見ながら直進し、大きな国道に出たら左折。すぐに見える歩道橋をわたって国道の反対側へ。コンビニが見える側の階段を下ります。そのままま っすぐ歩き、コンビニを過ぎた先、右手に目的地の病院があります。

スタートからゴールまでの道順

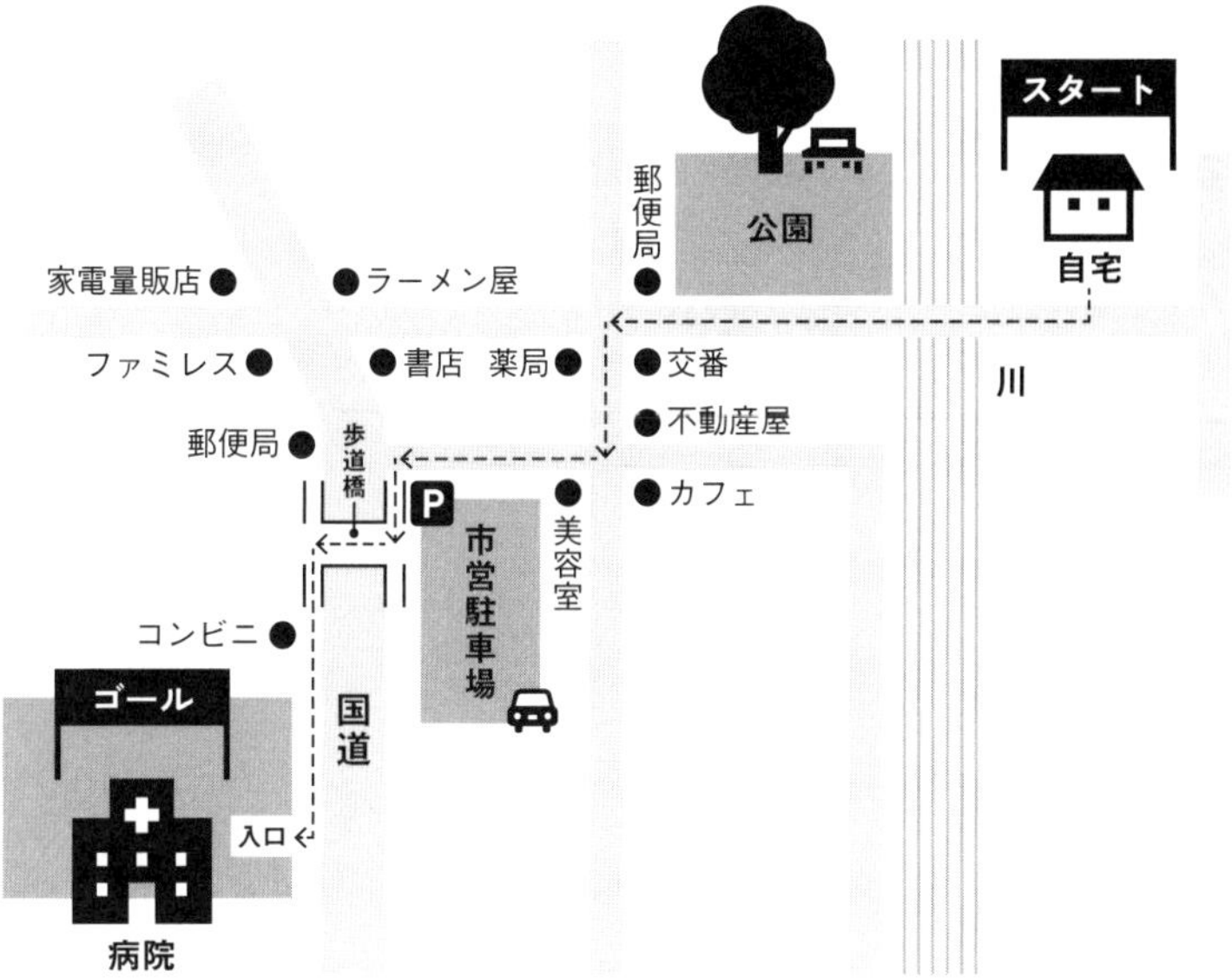

道順をわかりやすく説明するコツは、先を急ぎすぎないことです。

A地点からB地点まで誘導し終えたら、次はB地点からC地点という具合に、少しずつ確実に誘導していきます。

「曲がるところにはどんな目印がある？」といった具合に、そのつど自問自答することによって、大事な情報の抜け落ちを防ぐことができます。

たとえば、雑貨屋さんの手前と奥の両方に道があるときに、「雑貨屋さんの道を曲がります」だと、読む人が「雑貨屋さんの道って？　手前と奥のどっちの道？」と困惑しかねません。この場合は、「雑貨屋さんの手前（または奥）を曲がります」と伝えないといけません。

また、たとえ、どちらの方向に曲がるかが明確だったとしても、左右を明記してあげたほうが親切です。「雑貨屋さんの手前（または、奥）を左に曲がります」という具合です。

そこそこ距離があるときは「約300メートル進み～」や、「3分ほどで高速道路が見えてきます」のように、おおよその距離や時間を示してあげると喜ばれるでしょう。「目的地までは、約2キロ、歩いて15分ほどかかります」のように、説明の冒頭で全体像をわたしてあげるのもいいアイデアです。

相手が知らないことだけを書けば〈いい説明文〉になる、と思ったら大間違いです。相手が知っていることも〝あえて書く〟ことで、読む人へのリマインドとなるのです。

説明上手になりたいなら「そんなことは書かなくても（言わなくても）わかってくれるだろう」という甘い態度は捨てなければいけません。

そもそも人はミスをする生き物です。だからこそ、念には念を入れる必要があるのです。相手の立場に立って、〝少しくどいかも〟と思うくらいの意識で具体的に伝えていく必要があります。

書く前に、一度声に出して道順を説明してみるのも賢い方法です。説明したことが「下書き代わり」となり、説明文がより書きやすくなるでしょう。

この「書く前に話す」という方法はあらゆる文章作成に有効です。一度口頭でアウトプットすることによって、伝え手である自分の理解度を（情報不足な点も含め）確認できるほか、全体の流れ（構成）も作りやすくなります。

なお、「道順説明エクササイズ」のほかにも、いくつか説明文作成エクササイズがあります。以下は説明するテーマの例です。それぞれチャレンジしてみましょう。

❶部屋の間取りを文章で説明する
❷料理の手順を文章で説明する
❸スマホの中にある写真を1枚選び、その写真の内容を説明する

❶の説明文を読んだ人が、間取りを正確にイメージできる。❷の説明文を読んだ人が、しっかりその料理を作ることができる。❸の説明文を読んだ人が、その写真に写っているものを正確にイメージできる。

そのような結果が得られれば及第点です。ゲーム感覚で取り組んでみてください。

抽象度を高めて話す

情報伝達では、ときに抽象度を高めなくてはいけないケースもあります。

以下は、あなたの友人の森田さんがスーパーに行ったあとの話です。

今日、スーパーで、鍋に入れる長ネギ、白菜、にんじん、しいたけ、エリンギなどを買いました。

この森田さんの話を、あなたが仲介して誰かに伝えるとき、「長ネギ、白菜、にんじん＝野菜／しいたけ、エリンギ＝キノコ」＝「鍋の食材」という関係性が見えていれば、以下のように伝えることができます。

抽象化して要約

森田さんが今日、スーパーで鍋に入れる野菜やキノコを買ったそうです。

さらに抽象化して要約

森田さんが今日、スーパーで鍋の食材を買ったそうです。

以下は、部下が上司に、今日の仕事を報告する様子です。

今日は各スポンサーに連絡を入れました。電話でA社の担当者にリモートプロジェクトの変更点について説明したあと、B社の担当者とのオンラインミーティングで同様にリモートプロジェクトの変更点について説明しました。その後、D社の倉庫に出向いて商品Z5ケースを納品してから、C社を回って、担当者にリモートプロジェクトの説明をしました。

「具体的」にしすぎて、冗長に感じられます。上司が具体的な報告を求めるタイプならまだしも、簡潔な報告を求める上司に対しては、おそらく通用しないでしょう。話のムダが多く、くどく感じられるからです。

以下は、ムダを省略した報告です。

> 今日は、スポンサー3社の担当者に、それぞれリモートプロジェクトの変更点について説明しました。また、D社の倉庫に商品Z5ケースを納品してきました。

「A社、B社、C社」を「スポンサー3社」という言葉でまとめました。また、3回ずつ登場する「リモートプロジェクト」や「担当者」は1回でまとめました。言葉の量が半減したにもかかわらず、わかりやすさは格段にアップしました。

もちろん、どこまで具体性を残すかは（抽象度を高めるかは）、相手が求める抽象レベルにもよります。くどくなりすぎないよう注意した結果、「今日の仕事も順調でした」まで抽象化しすぎては、上司に「もっと具体的に報告しろ！」とツッコまれかねません。

「抽象情報⇕具体情報」を行き来しながら、絶妙な落とし所を見つけましょう。

伝え上手は「たとえ」もうまい

「要約力」が高い人の多くが「たとえ（比喩）」の名手でもあります。

たとえば、「それは無謀な取り組みだ」と伝えても、相手になかなか納得してもらえないときであれば、以下のような「たとえ」を用いてはどうでしょうか。

> 短パンと下駄で富士山に登ろうとするようなものではないでしょうか。

「無謀」という言葉こそ使っていませんが、「無謀」であることが伝わってきます。**理屈では伝わりにくいことを、「たとえ」を用いてイメージしやすく伝える。これもひとつの情報要約です。**

「物足りない」と伝えたいときはどうでしょう。以下の「たとえ」であれば、「物足りなさ」が実感として伝わってきませんか。

醤油をかけずに食べる冷奴《ひややっこ》のようなものです。

「タレントと芸能事務所は、補完し合う関係です」という表現はどうでしょう。わかったようなわからないような、微妙な表現です。

以下のような「たとえ」を使うと、「なるほど、そういう関係か」と納得度合いが高まりそうです。

タレントと芸能事務所の関係は「ドライバーとネジ」の関係に似ています。それぞれ単体では役に立ちません。ドライバーにはネジが、ネジにはドライバーが必要なのです。

以下は「たとえ」を作るときのポイントです。

❶もともとの事柄と「本質」が共通している「たとえ先」を見つける
❷その「たとえ先」は、相手が知っているものでなければいけない
❸その「たとえ先」は、絵や映像でイメージできるものがいい

具体例で説明しましょう。

たとえば、あなたは上司に「大特価キャンペーンを1年に何回もやれば、お客様に飽きられてしまう」と訴えたいとします。しかし、なかなか納得してもらえそうにありません。

そんなときは、納得してもらえそうな「たとえ先」を探します。「大特価キャンペーンを1年に何回もやれば、お客様に飽きられてしまう」という意見の「本質」は〈やりすぎると飽きられる〉です。

❶➡「やりすぎると飽きられるものは何か？」と考えます。「お祭り」はどうでしょ

う。毎月のようにお祭りがあったら、あまりありがたみを感じません。
❷➡「お祭り」は、誰もが知っている事柄です。
❸➡「お祭り」は、絵や映像でイメージできます。

❶～❸を満たしているので「たとえ」として有効です。

「お祭り」が貴重に感じるのは、年に１回だからです。大特価キャンペーンも「お祭り」のようなものです。１年に何回もやれば、お客様に飽きられてしまうでしょう。

いかがでしょう？　わかりやすいうえ、説得力を感じるのではないでしょうか。
❶～❸をスピーディかつ的確に処理するには、ふだんから失敗を恐れず、積極的に「たとえ」を使っていくことが肝心です。
トライ・アンド・エラーをくり返しながら「たとえるプロセス」を〝自分のもの〟

にしていきましょう。

最後に、以下の内容を、それぞれあなたなりの表現でたとえてみましょう。

・使い物にならないこと
・時代遅れなモノ（状態）
・場違いなこと
・独りよがりな状態
・見当違いな考え

語尾に注意を払う

話の語尾には伝え手の意図や意思が色濃く反映されます。その語尾の選び方に気を配れる人は、物事を正確に伝えられる人であり、誠実な人です。

たとえば、「株価下落の影響です」と伝えるのと、「株価下落の影響かもしれません」と伝えるのとでは、意味合いが大きく変わります。前者の「〜です」は断定的な表現ですが、後者の「〜かもしれません」は可能性を示すにとどめた表現です。

以下は語尾の例です。あなたが伝えたいことは、どの語尾で、正しく表現できますか？

「株価の影響です」**（断定）**
「株価の影響にほかなりません」**（断定・強調）**
「株価の影響そのものです」**（断定・強調）**
「株価の影響ではないでしょうか」**（確認を含む推測）**
「株価の影響かもしれません」**（可能性）**
「株価の影響でしょう」**（推量）**
「株価の影響と言えそうです」**（推量）**
「株価の影響に違いありません」**（確信を持った推量）**
「株価の影響のようです」**（体験寄りの推量）**
「株価の影響らしいです」**（伝聞による推量）**

「株価の影響だと思われます」**（客観を重んじた推測）**
「株価の影響だと思います」**（主観を重んじた推量）**
「株価の影響だと考えられます」**（推論）**
「株価の影響と言われています」**（伝聞）**
「株価の影響と言えます」**（伝え手の所見）**
「株価の影響という気がします」**（根拠が弱めの見解）**
「株価が影響していないわけがありません」**（否定×否定＝強い肯定）**
「株価の影響という訳です」**（原因・理由の提示）**

語尾を適切に使い分けるためには、断定できるレベルなのか、推量レベルなのか、個人的な判断なのか——など、伝える情報の正体をつかんでおく必要があります。

実際にはその可能性が低いにもかかわらず「株価の影響です」と断定してしまったり、断定しなければいけない場面で「株価の影響という気がします」と逃げてしまったりすると、誤った情報をばらまくことになります。

また、ふだんから断定ばかりしている人（＝強腰タイプ）や、逆に、断定を避けてばかりいる人（＝弱腰タイプ）も注意が必要です。自分のクセを最優先して、情報の正確性をないがしろにしている恐れがあります。どちらのタイプも利己的で、誠実とは言えません。

なお、語尾のクセが強い人は、自分を省みる必要があります。むやみやたらと断定ばかりする人は観察力や分析力が弱いのかもしれません。あるいは、断定することで「仕事ができる人」と思われようとしているのかもしれません。

一方、断定を用いず婉曲的な表現ばかりしている人は、心の奥に「仕事の責任を取りたくない」のような気持ちが潜んでいるのかもしれません。

言葉、とくに語尾には、その人のマインドが反映されやすいものです。語尾を適切に使い分けるためには、先んじて自分のマインドを整えることも大切です。

言うまでもありませんが、要約力のひとつ目のステップである「情報収集」の段階では、情報源となる人が話す言葉の語尾や、その人が書いた文章の語尾にも注意を払いましょう。

相手が推量で話したにもかかわらず、自分が断定的な伝え方をしてしまうと、その時点で、情報が変質してしまいます。もっと言えば、相手が言った（書いた）語尾の正確性にも注意を払いましょう。
ことビジネスシーンでは、「そう言わざるを得なかった」や「建前上、そう言うしかなかった」など、つまり、言葉の裏に何かしらの思惑や事情が隠れているケースもしばしばあります。

「リップサービス（お世辞）」や「ポジショントーク（自分に有利な状況になるような都合のいい発言）」も然りです。中には「ミスリード（誤解をさせること）」を目的に、意図的に情報操作や情報誘導を行なう人もいます。

その人の立場や非言語情報を見ながら、言葉の裏に隠れている情報を読み解くことは、要約プロセス全般の質を高めると同時に、悪意をはらんだ情報から実を守る術でもあるのです。

伝え方でもPDCAを回す

サッカー選手で、自分のプレーする姿を動画で見たことがない、という人はいないでしょう。なぜなら、自分の動きを客観視するには、動画でチェックする以外に方法がないからです。

スポーツの世界では当たり前のように取り入れられているにもかかわらず、自分の伝え方や話し方を「客観視しよう」と考える人は多くありません。

伝え上手になるためには、自分の伝え方を客観視するアプローチが有効です。そこでおすすめしたいのが、「自分の話を録音して聴く」という方法です。

スマホのボイスレコーダーがあれば十分です。会議中や営業中、プレゼン中など、自分が仕事で話している声を聴くことで、自分の伝え方の「足りない点」や「改善すべき点」がはっきりします。

【自分のイメージ】〈死んでもこれだけは言っておく！〉を意識して伝えられている。
【録音での客観視】話にまとまりがなく、〈死んでもこれだけは言っておく！〉が十分に伝わっていない。

【自分のイメージ】「幹⬇枝⬇葉」の順で話している。
【録音での客観視】「幹⬇枝⬇葉」の順で話せていない。

【自分のイメージ】クセのない話し方をしている。

【録音での客観視】「えー」や「まあ」が多い。クセで「要するに～」を多用している。

【自分のイメージ】声のトーンが明るいうえ、滑舌もよく聞き取りやすい。

【録音での客観視】語尾が暗くて弱々しい。滑舌が悪く、言葉が聞き取りにくい。

【自分のイメージ】聞き手と会話のキャッチボールをしている。

【録音での客観視】一方的に自分が話したいことを話している。

【自分のイメージ】ワンセンテンスをできる限り短く話している。

【録音での客観視】ワンセンテンスが長すぎるときがある。

【自分のイメージ】難しい専門用語やビジネス用語は使っていない。

【録音での客観視】ときどき難しい専門用語やビジネス用語を使っている。

「ゆっくり話しすぎている」ことに気づいたなら、次回は少しテンポよく話すことを心がける。文頭に「まあ」とつける回数が多いと気づいたなら、次回は意識的に「まあ」の回数を減らしてみる。カタカナ語の多用に気づいたなら、カタカナ語の使用を避け、できるだけ平易でわかりやすい言葉を使うようにする。

自分の伝え方を客観視できなければ、次回以降も同じような伝え方をしてしまいますが、客観視できれば、次回以降の伝え方で修正・改善することができます。

いわゆる「PDCA」です。

PDCAとは「Plan（計画）➡Do（実行）➡Check（評価）➡Action（改善）」のサイクルを回しつつ業務や作業のプロセスを継続的に改善し、その質や精度を高めていく手法のことです。この手法が伝え方にも、そのまま応用できます。

自分の伝え方の「弱点」をそのつど改善していくことによって、伝え方や話し方のスキルが磨かれていくのです。

もちろん、動画の撮影が許される場面なら、動画で撮影するのがベストです。動画であれば、声だけでなく、装いや立ち居振る舞い、表情、ジェスチャーなどの視覚情報もチェックできます。

さらに、話を聞いている人の様子まで映すことができれば、反応の「ある・なし」や「強い・弱い」をチェックすることもできます。

とくに人前で話す（伝える）機会が多い人は、自分の声や姿を録音・録画したうえで、積極的にPDCAを回していきましょう。伝えるスキルを確実に伸ばすことができます。

140字の投稿で、日常の中で「要約の練習」をしてみよう

「要約力」のプロセスを理解したあなたに、この先、取り入れていただきたい習慣があります。それが、「何でも要約トレーニング」です。

仕事に限らず、日常生活で接するさまざまな情報について、要約を目的にアウトプットしてみてください。以下は、要約対象の例です。

・本や雑誌、漫画を読んだら要約する

・映画、ドラマ、アニメ、美術作品、舞台作品などを観たら要約する
・セミナーや研修、レッスンを受けたら要約する
・飲食店に入ったら要約する
・ニュース記事を要約する
・今日会った◯◯さんについて要約する
・今日１日の仕事の内容を要約する
・今日１日にあった「よかった出来事」を要約する

とくにおすすめしたいのは、Twitterをはじめとする SNS での投稿です。Twitter であれば１投稿が１４０文字です。この制限された文字数が要約にうってつけです。

なぜなら、１４０文字に収めるためには、「〈死んでもこれだけは言っておく！〉＋α（具体化）」程度しか書くことができないからです。

１４０文字の投稿をするとき、望むと望まざるとにかかわらず、あなたは本書でお伝えした要約プロセスの全工程を体験します。つまり、集めた情報をグループ分けして優先順位をつけたのち、〈死んでもこれだけは言っておく！〉を決めるわけです。

たとえば、「今日観たドラマ」の要約をするときであれば、1時間のドラマから本質や印象的なポイントを抜き出す必要が出てきます。つまり、Twitterに投稿しながら、「情報の9割を捨てる体験」もできるのです。

また、**文字として書き出すことで、記憶への定着力もアップします。それらの記憶は、（判断材料などとして）その後の要約の手助けになります。**

慣れてくれば、140文字を書くスピードも速まります。それは、とりもなおさず要約力の向上を意味します。

あわせて、**「誰かに話す」という形でのアウトプットも積極的に行ないましょう。**

たとえば、帰宅したとき、今日のお昼に食べたランチ（飲食店）について、今日はじめて会った人について、今日はじめて利用した○○について――家族に語る、という具合です（もちろん、要約を意識して話すことが肝心です）。

「SNS投稿」と「誰かに話す」のどちらも苦手という人は、自身のノートや手帳、スマホのメモアプリを使ってのアウトプットでも構いません。

せっかく要約プロセスを理解しても、実際に要約をしなければ、「宝の持ち腐れ」

になりかねません。「何でも要約トレーニング」を習慣化することで、あなたの要約力が飛躍的に伸びることをお約束します。

話す内容への「愛」と「情熱」はありますか?

たとえば、あなたが営業マンだったとします。あなたが心の底から、その商品に「愛」を感じていなければ、あるいは、それをお客様に届けることに「情熱」を感じていなければ、伝えるときのエネルギーは下がります。

同じように、伝える相手に「愛」を持っていなかった場合も、やはりエネルギー度合いは下がります。

その低いエネルギーのまま商品の説明をしても、相手に興味を持ってもらうことはできないでしょう。「愛」や「情熱」というのは、ありのままに伝わってしまうものだからです。

一方で、あなたが心の底からその商品に「愛」を感じているとしたら、どうでしょう。相手への「愛」を持っていたら、どうでしょう。その高いエネルギーは、言語と非言語の両方に表れて、相手の心に響き、強く印象に残るはず。
ひいては、その商品を「ほしい」と思ってもらえる確率も高まるでしょう。

話す内容への「愛」と、それを届ける相手への「愛」、そして、相手にそれを届けたいという「情熱」は、わたしたちが思っている以上に、相手に伝わっています。
一方で、それらが「ない人」や「乏しい人」は、当然、相手に見透かされてしまいます。「情熱」や「愛」は、小手先のテクニックではリカバリーできないものなのです。

では最後に、あなたに3つの質問があります。

❶あなたは、自分が伝えようとしている話の内容に「愛」を感じていますか？
❷あなたは、自分が伝えようとしている相手に「愛」を持っていますか？
❸あなたは、相手にそれを伝えることに「情熱」を感じていますか？

「要約力」を働かせて「❶情報収集⬇❷情報整理⬇❸情報伝達」のプロセスを十分に踏んでいるにもかかわらず、あなたの言葉が伝わっていないとしたら、その原因は、あなたのエネルギーが小さいからかもしれません。

そういうときは、あなたの中にある「愛」と「情熱」に目を向けてください。あなたの「愛」はどこにあるのか？　あなたの情熱はどこにあるのか？ごまかさずに自分の内側に目を向け続ければ、必ず答えを得ることができるはずです。

高いエネルギーの状態で「要約力」を駆使するとき、あなたのアウトプット力は最大化されるでしょう。そう、あなたの言葉が、あなたが届けたいと思っているすべての人に、伝わりやすく、響きやすく、刺さりやすくなるということです。

おわりに

なぜ、今この時代に「要約力」なのか？

その理由は、あなたが意識で、あるいは無意識で、感じている通りです。

時代の流れはますます速まり、「十年一昔」はおろか「一年一昔」に変化しています。1年前の「常識」が1年後には「非常識」になっていることも珍しくありません。

速さだけではありません。仕事の仕方も、価値観も、ライフスタイルも劇的に変化し、多様性の枝は、その数をますます増やしています。

未来は「先行き不透明」で、その透過率はますます高まりつつあります。

一方で、今日の超情報化社会は、玉石混交の情報であふれかえっています。情報に対して無防備でいれば、その巨大な渦に呑み込まれ、たちまち自分を見失ってしまうでしょう。

「はやく、簡潔に伝える」ことがますます求められるようになった今だからこそ、わたしたちには「要約力」が必要なのです。

何より大事なのは、要約していることに「自覚的になること」です。

わたしたちは、周囲の情報や環境、あるいは誰かの奴隷になってはいけません。常に主体的に情報と向き合い、その要不要を見極めていく必要があります。

「要約力を強化しよう」の裏メッセージは、「主体的に生きよう」です。

もちろん、流れの速い時代ゆえ、最新情報への感度は、常に高めておく必要があります。

すでに陳腐化・硬直化した情報にしがみつけば、適切な判断ができなくなります。

一方で、時代を超えて応用・転用可能な「本質」を見抜く目も曇らせてはいけません。

本質的な情報は、わたしたちの仕事や人生に、大きな示唆とメリットを与えてくれます。

安心してください。この本を読み終えたあなたは、要約力のメリットと、その強化方法を十分に理解しているはずです。

今度は、その方法を、あなた自身の未来のために使う番です。

この先、どんな社会へシフトしたとしても、「要約力」さえあれば、賢くもタフに生き抜いていくことができます。


「要約力」が強化されたとき、あなたのビジネスパーソンとしての能力は最大化され、あなたにかかわる人や組織に大きなインパクトを与えるでしょう。

あなたは多くの人に求められ、あなたのもとには「人」「物」「情報」「お金」などの資源が自然と集まってくるはずです。

周囲の人たちはあなたのことを評価し、好意を寄せ、頼りにするでしょう。

そう、要約力は人生を大きく変える成功ツールでもあるのです。

あなたはもうそのツールを手にしています。


本書の執筆に際しては、企画段階から発行に至るまで、日本実業出版社編集部、営業部のみなさまに大変お世話になりました。この場をお借りして御礼申し上げます。

また、コロナショックの折、家の中を明るく楽しいエネルギーで満たしてくれた妻の山口朋子と娘の桃果にも感謝します。いつもありがとう。

最後に、本書をお読みになったあなたへ。

あなたは、この本から得た情報をどう要約し、今後の仕事と人生に活かしていきますか？

この機会にぜひ考えてみてください。

あなたの人生がよりすばらしいものになるよう、心から願っています。

２０２０年６月　山口拓朗

参考文献

『考える技術・書く技術』（板坂元著／講談社）
『学びを結果に変えるアウトプット大全』（樺沢紫苑著／サンクチュアリ出版）
『FACTFULNESS（ファクトフルネス）10の思い込みを乗り越え、データを基に世界を正しく見る習慣』（ハンス・ロスリング著、オーラ・ロスリング著、アンナ・ロスリング・ロンランド著／日経BP社）
『アイデアのつくり方』（ジェームス W・ヤング著／CCCメディアハウス）
『図解 頭のいい説明「すぐできる」コツ 今日、結果が出る！』（鶴野充茂著／三笠書房）
『小宮式 知的アウトプット術』（小宮一慶著／すばる舎）
『プレゼンテーション・マインド「相手の聞きたいこと」を話せ！』（大島武著／マキノ出版）
『メモの魔力 The Magic of Memos』（前田裕二著／幻冬舎）
『アウトプットの精度を爆発的に高める「思考の整理」全技術』（生方正也著／かんき出版）
『すべての知識を「20字」でまとめる 紙1枚！独学法』（浅田すぐる著／SBクリエイティブ）
『イシューからはじめよ——知的生産の「シンプルな本質」』（安宅和人著／英治出版）
『できる人はなぜ「情報」を捨てるのか』（奥野宣之著／講談社）
『自分のアタマで考えよう』（ちきりん著／ダイヤモンド社）
『なぜか「いいアイデア」が次々出てくる人の思考法——驚くほど、「ものの見方」が冴えてくる』（軽部征夫著／三笠書房）
『何を書けばいいかわからない人のための「うまく」「はやく」書ける文章術』（山口拓朗著／日本実業出版社）
『「9マス」で悩まず書ける文章術』（山口拓朗著／総合法令出版）
『世界一ラクにスラスラ書ける文章講座』（山口拓朗著／かんき出版）

山口拓朗（やまぐち　たくろう）
伝える力【話す・書く】研究所所長。山口拓朗ライティングサロン主宰。出版社で編集者・記者を務めたのち、2002年に独立。出版社勤務時代を含めて24年間で3300件以上の取材・執筆歴を誇る。現在は執筆活動に加え、講演や研修を通じて「好意と信頼を獲得する伝え方の技術」「論理的な伝え方・書き方」「伝わる文章の書き方」等の実践的ノウハウを提供。アクティブフォロワー数300万人の中国企業「行動派」に招聘され、北京ほか6都市で「Super Writer養成講座」も定期開催中。著書に、『何を書けばいいかわからない人のための「うまく」「はやく」書ける文章術』『そもそも文章ってどう書けばいいんですか?』（以上、日本実業出版社）、『伝わる文章が「速く」「思い通り」に書ける 87の法則』（明日香出版社）、『会社では教えてもらえない ムダゼロ・ミスゼロの人の伝え方のキホン』（すばる舎）ほか15冊以上。伝え方の本質をとらえたノウハウは言語の壁を超えて高く評価されており、中国、台湾、韓国など海外でも翻訳されている。

9割《わり》捨《す》てて10倍《ばい》伝《つた》わる「要約力《ようやくりょく》」

2020年７月20日　初版発行
2020年12月20日　第５刷発行

著　者　山口拓朗
発行者　杉本淳一

発行所　株式会社日本実業出版社　東京都新宿区市谷本村町3-29　〒162-0845
大阪市北区西天満６－８－１　〒530-0047
編集部　☎03-3268-5651
営業部　☎03-3268-5161　振　替　00170-1-25349
https://www.njg.co.jp/

印刷／壮光舎　製本／共栄社

この本の内容についてのお問合せは、書面かFAX（03－3268－0832）にてお願い致します。
落丁・乱丁本は、送料小社負担にて、お取り替え致します。

ISBN 978-4-534-05791-4　Printed in JAPAN